Kathy March

Ich unterwerfe mich!

Erotische SM-Geschichten

Für Christian "Burning",
der die Funken zu Feuern entfacht hat.

Blue Panther Books

blue panther books Taschenbuch
Band 2445
1. Auflage: Juni 2018
2. Auflage: Dezember 2020

Vollständige Taschenbuchausgabe
Originalausgabe

Lektorat: Nicola Heubach

Cover:
© Razoomanet @ shutterstock.com

Umschlaggestaltung: MT Design
Gesetzt in der Trajan Pro und Adobe Garamond Pro

Printed in Germany
ISBN 978-3-7507-3940-6
www.blue-panther-books.de

INHALT

1. SchulSchlampe

»Tja, Nadja, das ist natürlich sehr unerfreulich. Da bleibt mir eigentlich nur noch eins zu tun …« Mit strengem Blick stand der Direktor vor ihrem Pult und schaute mit zusammengezogenen Brauen auf die Oberstufenschülerin hinunter.

Die Abiturientin hatte bereits eine volle, gereifte, weibliche Figur, was sie mit ihrer sexy Kleidung noch betonte. Ihr geschminktes Gesicht war hübsch, die vollen Lippen aufreizend rot geschminkt. Die kajalumrandeten Augen sahen den Lehrern mit einem lüstern-herausfordernden Blick keck in die Augen. Sie war ein freches kleines Biest und sicher nicht nur für die männlichen Schüler, sondern auch für einige Lehrer, eine häufige Wichsvorlage.

Doch davon merkte man jetzt nichts, denn sie hielt den Blick auf ihren Tisch gesenkt.

»Beim Abschreiben ertappt worden, die Nachprüfung hast du geschwänzt und heute hat dein Lehrer dich auch noch mit einem Spickzettel erwischt. Ich werde deine Eltern informieren müssen.«

Nun riss sie den Kopf hoch und sah ihn an. Von ihrem Selbstbewusstsein war nichts mehr übrig geblieben. In ihren Augen stand Angst. Langsam rollte eine Träne aus einem ihrer Augenwinkel und hinterließ, gemischt mit ihrer Wimperntusche, eine schwarze Spur auf ihrer Wange.

So gefiel sie ihm schon viel besser.

»Bitte, rufen Sie nicht meinen Vater an. Bitte.«

Er musterte sie eine Weile mit strengem Blick. »Was bleibt mir denn anderes übrig? Dein Klassenlehrer ist ratlos. Er weiß nicht mehr, was er noch mit dir machen soll. Deshalb hat er sich an mich gewandt.«

Sie schluchzte unterdrückt auf. »Bitte, ich werde alles tun. Ich schreibe die Prüfung noch einmal.«

»Dazu ist es nun etwas zu spät. Ich wüsste nicht, wieso ich deine Eltern nicht verständigen sollte.«

»Bitte, bitte …«, jammerte sie, »ich gehorche Ihnen, ich werde alles tun!« Sie streifte die Vorderseite seiner Hose, die auf Augenhöhe mit ihr war, mit einem bedeutungsvollen Blick und hauchte: »Wirklich alles, was Sie sagen.«

Das hatte er sich schon gedacht, dass die kleine Schlampe auf diese Art versuchen würde, sich herauszuwinden, wenn es eng wurde. Sie setzte schon länger ihre weiblichen Reize bei den männlichen Lehrern ein und er hatte vermutet, dass sie auch noch weiter gehen würde, um ihre Ziele zu erreichen. Aber nicht mit ihm! So einfach, wie sie dachte, würde es nicht werden.

Er unterdrückte ein Lächeln und rückte etwas näher. Die schon deutliche Ausbuchtung in seiner Hose berührte nun fast ihr Gesicht. »Soso …«

Er griff in ihr Haar und zog sie etwas näher. Der grobe Stoff seiner Hose rieb über ihr Gesicht und verschmierte die ohnehin schon zerlaufene Schminke noch etwas mehr. Sein Schwanz wurde steifer. Doch als sie nach seinem Reißverschluss greifen wollte, schubste er sie zurück. »So einfach ist es aber nicht! Du musst für dein Verhalten auch bestraft werden.«

Kurz war sie irritiert, aber nun konnte sie nicht mehr zurück. »Dann bestrafen Sie mich doch, Herr Direktor«, bat sie.

»Du versprichst, dass du auf mich hörst und alles tust, was ich sage …?«

»Ja, ich verspreche es«, hauchte sie, in ihre Augen war ein heimlich triumphierender Funke getreten.

Den würde er ihr schnell austreiben. Auf dem Weg zur Tür gestattete er sich das kleine Lächeln.

Er schaute kurz durch das Fenster raus auf den Gang, aber um diese Uhrzeit war die Schule menschenleer. Dann verriegelte er die Tür, zog das Rollo herunter und drehte sich mit ernster Miene wieder zu ihr um.

»Gut, dann an die Tafel mit dir.« Mit dem Kinn wies er nach vorn.

»Jetzt, sofort?«, fragte sie.

Er schwieg nur und sah sie an.

Widerstrebend stand sie auf und drehte sich auf dem Weg nach vorn mehrfach zu ihm um. Er wartete, bis sie am Lehrerpult vorbei zur Tafel gegangen war und genoss den Ausblick auf ihre Kehrseite, die von dem knappen Röckchen kaum verdeckt wurde. Dann folgte er ihr. Mit dem Unterarm schob er die wenigen Dinge, die auf dem Pult verstreut lagen, zur Seite und machte eine einladende Geste. Er konnte sehen, wie daraufhin die Gedanken hinter ihrer Stirn arbeiteten und musste sich ein weiteres Lächeln verkneifen.

Ohne seine Position neben dem Pult zu verändern, griff er nach dem Zeigestock, der unter der Tafel an der Wand lehnte. Nicht ganz so elastisch, wie er ihn sich wünschen würde, aber er müsste genügen. Als er wieder zu seiner aufmüpfigen Schülerin schaute, zog er eine Augenbraue hoch und sah, wie sie schluckte.

»Bestrafung«, kündigte er an. »Den Oberkörper auf das Pult.« Er sah die Ungläubigkeit in ihrem Blick. »Sofort, oder der Deal ist hinfällig«, machte er ihr Beine.

Widerstrebend trat sie an die Schmalseite des Pults und lehnte sich zaghaft darüber. Ungeduldig schnaubte er, trat seinerseits an das Pult und drückte sie mit einer Hand in ihrem Nacken heftig herunter, sodass ihr Oberkörper und ihr Gesicht auf der Platte lagen. Mit der anderen Hand, die immer noch den Stock hielt, schob er ihren Rock weiter und weiter nach oben, ihre schwache Gegenwehr und gemurmelten Proteste ignorierend, bis ihr Po komplett entblößt vor ihm lag. Bei dem Anblick lief ihm das Wasser im Mund zusammen und sein Schwanz drohte, die Hose zu sprengen.

»Lieg schön still, dann ist es bald vorbei«, riet er.

Er fing mit kleinen Schlägen auf die Rückseite ihrer Oberschenkel an, um die Haut zu erwärmen und arbeitete sich weiter und weiter nach oben vor. An der Stelle, an der ihre Oberschenkel mit sanftem Schwung in ihre prallen Pobacken übergingen, hielt er inne. Er legte seine Hand auf ihren unteren Rücken und fing langsam an, ihr Höschen nach unten zu ziehen.

Sie keuchte und richtete sich reflexartig auf, während sie nach ihrem String griff, um ihn festzuhalten. »Nein!«

»Nein?« Er hatte sich aufgerichtet und schlug sich nachdenklich mit dem Stock in die Handfläche. »Also soll ich lieber deine Eltern anrufen? Du warst doch einverstanden mit einer Bestrafung, hast mich selbst darum gebeten und mir versprochen, zu gehorchen ...«

»Aber kann ich das Höschen dabei nicht anbehalten?«

Bedauernd schüttelte er den Kopf. »Die Antwort darauf kennst du selbst.« Mit dem Kinn machte er ihr ein Zeichen, sich wieder hinzulegen.

Als sie es tat, schloss er kurz die Augen, um seinen Triumph zu genießen. Wieder fasste er ihr in den Nacken und drückte sie auf die Platte, dann griff er nach ihrem Höschen und zog es Zentimeter für Zentimeter nach unten. Während er sie entblößte, verspannte sie sich und atmete stoßweise ein und aus. Er ließ das Höschen nach unten gleiten, bis es um ihre Knöchel hing. Nun war sein Gesicht auf gleicher Höhe mit ihrer Spalte und er sah, wie feucht sie glitzerte. Auch an dem Höschen, an dem er nun einmal auffordernd zupfte, erkannte man ihre Erregung. Er machte ein missbilligendes Geräusch und achtete darauf, dass sie seinen Atem dabei auf ihrer feuchten Nässe spürte. Noch einmal zupfte er an dem String und brav hob sie einen Fuß nach dem anderen an. Er richtete sich mit dem Höschen in der Hand auf und hielt es ihr vor die Nase.

»Es scheint, als würdest du deine Bestrafung genießen«, tadelte er. Dann faltete er den String und steckte ihn ein. Wieder begann er mit leichten Schlägen, diesmal auf ihre nackten Pobacken. Er steigerte die Intensität der Schläge und beobachtete, wie sie ihren Po unter den schmerzhaften Schlägen anspannte und entspannte.

»Gut, zehn Hiebe für das Abschreiben, zehn für das Schwänzen und fünfzehn für das Spicken sind angemessen, denke ich ...« Er ließ, während er sprach, den Stock an ihren Oberschenkeln auf- und abgleiten und wartete dann auf eine Antwort von ihr.

Sie sagte nichts, aber ergriff die Seiten des Lehrerpults mit den Händen.

»Braves Mädchen.« Er holte aus und ließ den ersten Schlag auf die Rückseite ihres rechten Oberschenkels niedersausen.

Sie zog keuchend die Luft ein, blieb aber stumm. Tapfer noch dazu. Er platzierte die Schläge dicht nebeneinander und genoss den Anblick der geröteten Striemen. Vor dem zehnten Schlag zögerte er absichtlich etwas, um ihr Leiden zu verlängern, bevor er den Stock ein letztes Mal auf den straffen Schenkel hinuntersausen ließ.

Dann strich er sanft mit den Fingerspitzen über die Striemen und fragte: »Möchtest du eine kleine Pause, bevor wir weitermachen?«

Sie wollte sich aufrichten, aber schon war seine Hand wieder in ihrem Nacken und nagelte sie fest. »Atme in den Schmerz, ganz langsam, ein und aus ... ein und aus ... Du warst sehr tapfer. Ich bin stolz auf dich.«

Seine streichelnden Finger waren immer höher gewandert und strichen nun über das feuchte Fleisch am Rand ihrer Spalte. Er streichelte rechts von ihr nach oben und auf der anderen Seite wieder herunter. Dann tauchte er die Fingerspitze seines Zeige- und Mittelfingers in den Spalt und strich dort auf und ab. Gleichzeitig festigte er seinen Griff in ihrem Nacken und drückte sie fest auf die Platte. Wie beabsichtigt, erstickte er damit ihren Protest im Keim. Ihr Atem beschleunigte sich und sie gab ein leises Wimmern von sich, blieb aber brav liegen. Er intensivierte sein Fingerspiel und bohrte seine Finger tiefer in sie hinein.

»Bist du noch Jungfrau?«, fragte er.

Als sie nichts sagte, zog er seine Finger aus ihr heraus und schlug ihr mit der flachen Hand zweimal kräftig auf den Po.

»Antworte, du verstockte Göre. Hast du es schon getrieben? War schon mal ein Schwanz in deiner kleinen feuchten Muschi?«

Neben dem Vergnügen, das es ihm bereitete, zuzusehen, wie sie sich vor Scham geradezu wand, war er auch gespannt auf ihre Antwort. Er hatte es oft genug erlebt, dass eine nach außen plakativ zur Schau gestellte Sexualität mehr Schein als Sein war und das Mädchen sich dann als schüchtern errötende Jungfrau entpuppte.

»J...ja«, stotterte sie schließlich ganz leise.

»Was? Sprich lauter, ich kann dich nicht hören.«

»Ja, ich bin keine Jungfrau mehr.«

»Soso ... Und von wie vielen hast du dich schon durchbumsen lassen?«

Sie schluckte. »Zwei.«

»Zwei was?«

»Ich hatte zwei Liebhaber.«

Er gab ein abfälliges Lachen von sich. »Wenn so eine wie

du sagt, sie hatte zwei, dann ist sie schon von mindestens zwanzig gefickt worden ...«

»Aber ...«

»Wir machen weiter, du hattest genug Pause«, unterbrach er ihren Protest.

Während er die Schläge auf ihren anderen Oberschenkel herabsausen ließ, wünschte er sich, er könnte sie in seinem Keller bearbeiten, wo ihm mehr Möglichkeiten und Werkzeug zur Verfügung standen. Seine Fantasie schlug Kapriolen bei dem Gedanken, was er dort alles mit ihr anstellen würde. Nach zehn weiteren Schlägen hatte sie leise angefangen zu weinen, die Schluchzer klangen wie Musik in seinen Ohren.

»Na, na, ist ja schon vorbei ...« Er streichelte sanft über ihren Kopf und legte den Stock vor ihrem Gesicht auf das Pult, als Erinnerung daran, dass eine dritte Runde noch folgen würde. Zielstrebig versenkte er diesmal gleich vier Finger in ihrem Fötzchen, das quasi darum bettelte – geschwollen und feucht wie es war. Den Daumen benutze er, um ihre kleine Perle zu rubbeln. Jetzt mischte sich unterdrücktes Stöhnen in das Schluchzen und sie wurde sogar noch feuchter. Wieder wand sie sich unter seiner Hand, doch diesmal nicht vor Scham. Eine Weile reizte er sie so und genoss die Spannkraft der jungen Fotze an seinen Fingern. Dann wischte er seine Hand an ihrem Rock ab und nahm wieder den Stock in die Hand. Zuckerbrot und Peitsche, das war das Geheimnis. Er würde sie schon gefügig machen.

»Fünfzehn Schläge auf deinen Arsch, dann ist der erste Teil der Bestrafung abgeschlossen«, sagte er. Dabei massierte er ihre Pobacken mit der einen Hand und seinen Schwanz durch die Hose mit der anderen.

»Erster Teil ...?«, traute sie sich zu fragen, ohne dass sie es jedoch wagte, ihm ihr Gesicht zuzuwenden.

»Genau, der erste Teil ist Schmerz. Der zweite wird eine Lektion sein.«

Nachdem ihre Pobacken zufriedenstellend durchblutet waren, holte er mit dem Stock aus und ließ ihn durch die Luft zischen. Er schlug auf der Tischplatte auf und er genoss es, zu sehen, wie sie zusammezuckte. Zehn Hiebe ließ er rasch hintereinander auf ihre Pobacken niedergehen und steigerte dabei die Kraft bei jedem Hieb. Bei den letzten dreien schrie sie jeweils leise auf. Er fuhr die Striemen nach. Diesmal bot er ihr jedoch keine Pause an. Er holte aus und drosch ein elftes Mal auf ihr gerötetes Hinterteil ein. Diesmal schrie sie laut und schoss hoch und herum. Damit hatte er gerechnet. Sofort schnellte seine freie Hand vor und verpasste ihr eine mittelstarke Ohrfeige.

»Du wagst es? Sofort wieder runter mit dir, sonst setzt es noch mehr!«

Diesmal sah er Angst in ihren Augen, die Erkenntnis, dass er sie in der Hand hatte und ... Lust. Ja, so gefiel sie ihm. Gehorsam drehte sie sich um, legte sich wieder auf das Pult und ergriff die Seiten mit ihren Händen, als ginge es um ihr Leben.

»Der letzte Hieb zählt nicht, weil du gezuckt hast ... Also noch fünf.« Er kostete jeden dieser fünf Hiebe voll aus.

Als es vorbei war, zitterte sie und schluchzte, aber sie wagte es nicht, ihre Position zu verlassen.

Wenn er sie jetzt ficken wollte, würde sie das ohne Gegenwehr zulassen. Aber er war auf etwas anderes aus. Sanft legte er den Stock weg und zog ihren Rock wieder nach unten. Dann zog er sie vom Pult und in seine Arme. Während sie weinte, streichelte er ihr beruhigend über die Haare und den Rücken.

»Hast du dich wieder etwas gefasst?«, fragte er.

Sie hob, den Kopf, sah ihn dankbar an und nickte.

»Dann wisch dir das Gesicht und putz dir die Nase. Wir

machen weiter. Du wirst deine Lektion an die Tafel schreiben.« Er deutete nach vorn.

Sie nahm ein Stück Kreide und wollte die Tafel herunterziehen.

»Nein«, sagte er und hielt die Tafel fest. »Die bleibt oben.«

»Wie soll ich dann schreiben? Oben komm ich so nicht dran.« Es schlich sich schon wieder ein aufsässiger Ton in ihre Stimme.

»Hier.« Er stellte zwei Tritte, die eigentlich benutzt wurden, um die oberen Fächer der Schränke im Chemie-, Physik- und Biologielabor zu erreichen, vor sie hin. »Da steigst du drauf.« Er schob die Tritte so weit auseinander, dass ihre Beine schön gespreizt sein würden, wenn sie darauf stand und sie sich, um die Tafel zu erreichen, leicht würde vorbeugen müssen.

»Du fängst hier mit der linken Seite an. Wenn die voll ist, kannst du die Tritte zur anderen Seite schieben.«

»Und was soll ich schreiben?« Wieder dieser aufsässige Ton.

»Schreib: Ich bin faul und eine Schlampe«, sagte er kalt.

Sie schluckte und versuchte sich nicht anmerken zu lassen, dass sie verletzt war. »...kay«, murmelte sie, drehte sich um und stieg auf die Tritte. Sie wollte den einen mit dem Fuß etwas näher heranziehen, aber er stellte seinen Fuß davor und verhinderte es.

»Nein, die bleiben genau so.«

»Natürlich ...«, sagte sie und nun war ihr Tonfall schnippisch und ihr Blick wieder herausfordernd.

»Schreib!«, kommandierte er mit drohendem Unterton.

Sie drehte sich um und fing an zu schreiben.

Er ging zum Waschbecken in der Ecke, wusch sich die Hände und benetzte sein Taschentuch mit dem Wasser. Dann zog er einen Stuhl hinter sie, auf den er sich setzte. Da sie ihr Höschen nun nicht mehr trug, hatte er den perfekten Ausblick.

Mit dem feuchten Tuch betupfte er ihre Striemen und sie sog scharf die Luft ein.

»Habe ich aufhören gesagt?«, fragte er. »Du schreibst immer weiter, egal, was ich hier mit deiner Kehrseite anstelle.« Er hatte die Worte bewusst zweideutig gewählt und wurde mit ihrem sich beschleunigendem Atmen belohnt. Nach ihren Oberschenkeln widmete er sich ihrem Po. Während er mit der einen Hand die Striemen betupfte, strich er mit der anderen ganz leicht über ihre Spalte. Sie verspannte sich etwas und stockte kurz beim Schreiben, hörte jedoch nicht auf. Er tat es noch einmal. Und noch einmal. Dann legte er das Tuch zur Seite und begann, ihre Fotze zu massieren. Sie hatte die obere Hälfte der Tafel nun vollgeschrieben und bückte sich immer tiefer, um auch die untere Hälfte zu füllen. Dabei reckte sie ihm ihre Spalte immer weiter entgegen. Mit beiden Händen zog er ihre Schamlippen zur Seite und legte das rosa Innere frei. Als er mit seiner Zunge durch das Loch leckte, stöhnte sie laut auf und die Kreide brach entzwei.

»Weitermachen«, knurrte er und schlug ihr einmal kräftig auf den Po.

Als sie mit dem verbliebenen Stück Kreide wieder schrieb, widmeten sein Mund und seine Zunge sich weiter ihrer jungen Fotze. Er lutschte und saugte an ihrer Perle, bis sie leise schrie. Dann reizte er sie mit seinen Fingern, während seine Zunge in ihr Loch stieß und züngelte. Ihre Schrift wurde immer krakeliger und sie schien Mühe zu haben, sich auf den Beinen zu halten. Er stützte sie mit einem Arm, während die andere Hand und seine Lippen und Zunge unermüdlich arbeiteten, bis sie aufschrie und an seiner Zunge zuckte.

Als es vorbei war, hatte sie mit ihren Händen und ihrem Kopf, der an der Tafel lehnte, einen Teil des Geschriebenen wieder verwischt.

»Komm runter da. Ordentliche Arbeit kann man das wohl kaum nennen«, schnauzte er. »Streng dich mehr an, damit die andere Seite besser wird.« Er schob die beiden Tritte zurecht. »Hier schreibst du: Aber der Direktor hilft mir, mich zu bessern.« Er schaute ihr ins Gesicht und leckte sich demonstrativ die Lippen.

Daraufhin wurde sie knallrot, wandte schnell den Blick ab und kletterte mit schwachen Beinen auf die beiden Tritte.

Eine Weile sah er ihr nur zu, dann fing er wieder an, ihre Pobacken und ihr Fötzchen zu massieren. Er zog ihre Pobacken auseinander und leckte einmal um ihr kleines Poloch herum. Sofort verspannte sie sich und kniff alles, so gut es ging, zusammen. Aha.

»Na?«, fragte er laut. »Bist du denn auch schon schön in den Arsch gefickt worden?«

»Ich … nein … also«, stammelte sie.

»Das wundert mich aber, so kleine Schlampen wie du, lassen sich doch gern in den Arsch ficken.« Er umkreiste weiter ihr Poloch mit dem speichelfeuchten Finger. »Also hör schon auf mit dem Theater und lass locker.« Er stieß seinen Finger gewaltsam durch ihre Muskulatur und versenkte ihn bis zum ersten Glied in ihrem Arsch. »Schreib gefälligst weiter!«, kommandierte er und bewegte den Finger vor und zurück. Bis sie am unteren Rand angekommen war, hatte er bereits zwei Finger tief in ihrem engen Loch versenkt. Es wäre ein Vergnügen, sie als Erster anal zu nehmen. Wieder dachte er an seinen Keller und sah sie auf dem Bock gefesselt, ihm hilflos ausgeliefert, den Arsch weit gedehnt und wund von seinem Schwanz, während sein Sperma aus ihr herausrann … Ein schönes Bild.

Sie hatte, obwohl sie mit Schreiben fertig war, brav stillgehalten und nichts getan, um sich ihm zu entziehen, während seine Finger in ihrem Arsch bohrten und sich drehten und er seinen Fantasien nachhing. Deswegen tätschelte er nun ihren Po und zog die Finger heraus.

»Ich wusste, es gefällt dir«, sagte er, während er zum Waschbecken ging, um sich die Finger zu waschen.

»Setz dich«, befahl er, als er zu ihr zurückkam.

Sie sank auf den Stuhl.

»Was hast du also gelernt?«

»Dass ich faul bin und eine Schlampe«, sagte sie mit leiser Stimme und gesenktem Blick.

Er fasste unter ihr Kinn und hob ihren Kopf, sodass sie ihn ansehen konnte. »Und?«

»Dass Sie mir helfen, mich zu bessern.«

»Nun? Möchtest du dich nicht bei mir für die Lektion bedanken?«, fragte er und zog ihren Kopf etwas näher an seinen Schwanz, der mittlerweile schon fast schmerzhaft pulsierte.

Eifrig öffnete sie seinen Gürtel und den Hosenschlitz. Als sie hineinfasste und endlich seinen Steifen befreite, stöhnte er unwillkürlich auf. »Nimm ihn in den Mund.«

Sie gehorchte und begann, seinen Schwanz zu lutschen und zu reiben. Währenddessen zog er seinen Gürtel aus den Schlaufen und nahm ihn doppelt. »Die letzte Lektion heute ist eine private. Mach den Mund schön weit auf und sag: ah.«

Als sie gehorchte, schob er ihr seinen Schwanz zwischen die Lippen und bewegte ihn einige Male rein und raus. Dann schlang er den Gürtel um ihren Hinterkopf und zog sie ruckartig auf seinen Schwanz, sodass er in seiner ganzen Länge in ihrem Rachen verschwand. Sie gab erstickte Laute von sich und wehrte sich panisch, aber er ließ einige Sekunden verstreichen, bevor er sie abrücken ließ. Sie würgte.

»Weiter machen!«

Immer wieder rammte er ihr seinen Schwanz in den Hals, benutzte ihren Mund, obwohl sie würgte und ihr die Tränen aus den Augen liefen.

Als es ihm kam, zog er ihren Kopf mit dem Gürtel so weit heran, dass ihre Nase seine Scham berührte, und spritzte ihr die volle Ladung tief in den Hals.

Als er seinen Griff löste, fiel sie quasi vom Stuhl auf ihre Knie, wo sie hustete und spuckte, um wieder zu Atem zu kommen.

»Das wischst du weg. Sei froh, dass ich es dich nicht auflecken lasse. Und mach die Tafel sauber. Montagmorgen sieben Uhr ist deine Nachprüfung. Ich werde deinen Lehrern sagen, dass sie ab jetzt jede kleine Unartigkeit an mich melden sollen, damit du angemessen bestraft werden kannst.«

Als Nadja sich soweit erholte hatte, dass sie aufblicken konnte, hatte er den Raum bereits verlassen.

2. FremdBenutzt

Wir treffen uns also in einem Club. Ich habe mich natürlich sexy angezogen und einen sehr kurzen, engen schwarzen Rock ausgewählt, weil ich weiß, dass mein Po darin gut zur Geltung kommt.

Als wir unsere Mäntel abgeben, bilde ich mir ein, dass ich Deinen Blick spüren kann. Ich muss schlucken. Vielleicht doch keine so gut Idee, sich heute besonders aufreizend anzuziehen, immerhin weißt Du so einiges über mich und wirst das vermutlich gegen mich verwenden, beziehungsweise Dich nicht an die üblichen Benimmregeln halten. Aber jetzt ist es eh zu spät.

Ich straffe meinen Rücken und drehe mich mit einem hoffentlich selbstbewusst wirkenden Lächeln zu Dir um. Wir gehen erst einmal an die Bar und trinken einen Cocktail. Viel Reden geht bei dem Lärm nicht und wenn, dann möglichst direkt ins Ohr des anderen. Ich bekomme immer weniger von dem, was Du sagst, mit, denn Du berührst mich jedes Mal, wenn Du Dich zu mir beugst. Deine Hand fährt meinen Arm hinauf ... beim nächsten Mal über meine Beine ... Du streifst mein Schlüsselbein, fährst über mein Dekolleté und ich halte die Luft an ... Dein Blick ist unergründlich. So ganz nebenbei habe ich vor lauter Aufregung meinen Cocktail mehr oder weniger heruntergestürzt. Ich merke, dass ich ein bisschen rot werde. Das fällt in dem Licht hoffentlich nicht auf. Du lässt Deinen Blick über mich streifen, dann nickst Du in Richtung Tanzfläche.

Wir stehen auf. Du legst Deine Hand auf meinen Rücken, ziemlich tief, und führst mich rüber zu den Tanzenden. Wir haben die Stelle erreicht, die Du angesteuert hast – etwas weiter hinten zwischen einigen Säulen. Du ziehst mich am Arm herum und wir fangen an zu tanzen. Es ist voll und laut, die meisten Leute sind schon angetrunken. Du hältst Blickkontakt und irgendwie rücken wir immer weiter zusammen. Schließlich ziehst Du mich an Dich, eine Hand auf meinem Rücken, die andere wandert nach unten und knetet meinen Po. Unsere Körper reiben sich im Takt aneinander. Deine Hand wandert immer weiter nach vorn, bis sie direkt an meiner linken Brust liegt. Ich versuche, mit meinem Körper zur Seite auszuweichen, aber Du lässt mich nicht. Dein Daumen kommt nach vorn und fährt über meine Brust ... hin und her ... Ich schaue mich nach den anderen Tanzenden um und stoße mich mit beiden Händen auf Deiner Brust etwas von Dir weg. Dadurch kommt Deine Hand erst recht auf meiner Brust zu liegen, mit Deiner anderen Hand verhinderst Du, dass ich weiter zurückweiche. Obwohl ich meinen Oberkörper weit zurückbiege, grinst Du zufrieden. Du merkst genau, wie mein Körper trotz meines Widerstands reagiert, weil Du spürst, wie hart mein Nippel geworden ist. Mit einem Ruck drehst Du mich herum und presst mich an Dich, ich kann Deinen Schwanz an meinem Po fühlen, während eine Hand vorn bleibt, um mich an Dich zu pressen, knetet die andere schon wieder meinen Po. Mein Kopf fällt zurück an Deine Schulter und für einen Moment sind mir die anderen egal.

Plötzlich spüre ich, wie Deine Finger meinen Oberschenkel innen hochfahren. Weiter und weiter ... Ich weiß genau, was Du überprüfen möchtest, und beginne ernsthaft, mich zu wehren. Ich reiße mich los, wende mich zu Dir um und funkele Dich wütend an. Aber Du grinst nur entspannt. Du weißt zu viel ... Du kommst auf mich zu und ich weiche zurück, bis ich an einer der Säulen stehe. Du stützt Deine Hände rechts und links von mir auf und beginnst mich zu küssen. Ich stelle mich auf die Zehenspitzen, um Deinen Kuss erwidern zu können.

Eine Deiner Hände verirrt sich auf mein Schlüsselbein, der Daumen an meinem Hals, mit leichtem Druck ... ich weiß, Du denkst an dasselbe wie ich. Die andere Hand fährt wieder innen an meinem Oberschenkel hoch, diesmal kann ich nicht ausweichen. Du presst mich gegen die Säule. Deine Finger tasten weiter und weiter ... bis sie mein Höschen spüren und die peinliche Nässe. Dein Blick wird triumphierend und Dein Lächeln ist geradezu teuflisch und lässt Böses erahnen.

Ich fühle, wie ein warmer Funke sich in meinem Bauch ausdehnt und sich etwas tiefer meine Muskeln zusammenziehen. Du küsst mich heftig und plötzlich sind Deine Finger in mir. Ob es mir gefällt oder nicht, Du fingerst mich, hier mitten auf der nicht gerade leeren Tanzfläche. Die Scham und die Angst, erwischt zu werden, machen es noch geiler. Zwei Finger pumpen in mir und Dein Daumen kreist um meine Perle. Ich bekomme weiche Knie und bin froh, dass Du mich an die Säule drückst.

Deine Hand wandert von meinem Hals runter und knetet meine Brust. Auch Du atmest schwer mittlerweile. Du ziehst Deine Finger aus mir und steckst sie Dir in den Mund, dann löst Du Dich von mir, greifst nach meiner Hand und ziehst mich von der Tanzfläche in den Gang zu den Toiletten.

Vor dem Damenklo ist natürlich eine lange Schlange, aber bei den Männern können wir gleich rein. Zwei Typen stehen am Pissoir. Ich versinke vor Scham im Boden, als Du mich in eine der Kabinen schiebst, aber Dir scheint es nichts auszumachen, dass die Typen sich denken können, was hier gleich abgeht. Im Gegenteil.

Du presst mich wieder gegen die Wand und fängst an, mich zu küssen, während Du mit beiden Händen meine Brüste bearbeitest. Gierig schiebst Du mein Oberteil hoch und befreist eine Brust nach der anderen aus den Körbchen. Du saugst an einer Brustwarze, die andere zwirbelst Du mit Deinen Fingern. Ich stöhne und lasse meinen Kopf nach hinten an die Wand sinken. Als ich über mir Geräusche höre, öffne ich die Augen. Direkt über uns sehe ich einen Kopf. Einer der Typen ist in der Nachbarkabine auf das Klo gestiegen und beobachtet uns nun. Ich stoße einen kleinen Schrei aus und bedecke meine Brust mit den Armen. Du siehst Dir die Situation an. Auf der anderen Seite stehen sogar zwei Typen und glotzen. Du schaust wieder zu mir und ziehst meine Arme von meinen Brüsten.

»Lass uns nach Hause gehen«, bitte ich Dich.

Aber Du hast wieder dieses böse Grinsen und schüttelst nur den Kopf. Meine Hände schiebst Du über meinem Kopf nach oben und drückst sie an die Wand. Da sollen sie bleiben. Dein Blick ist unnachgiebig und ich muss Dir gehorchen. Du beschäftigst Dich wieder mit meinen Nippeln, knetest und zwirbelst sie und genießt meine unterdrückten Schmerzens- und Lustlaute. Ich weiß gar nicht, wo ich hinschauen soll. Immer wieder wandern meine Blicke zu unseren Zuschauern. Deine eine Hand umschließt meinen Hals und drückt mich an die Wand, ich kann noch atmen, aber die Machtdemonstration verfehlt nicht ihre Wirkung. Mein Blick hat aufgehört herumzuwandern, und wir sehen uns in die Augen. Du fängst an, meine Titten zu schlagen, langsam und bewusst setzt Du einen Schlag nach dem anderen. Ich höre, wie der Typ, der neben uns in der Kabine steht, seinen Reißverschluss öffnet und anfängt zu stöhnen.

Dein Griff um meinen Hals verstärkt sich und mit Deinen Füßen schiebst Du meine Beine so weit auseinander, dass mein kurzer Rock über meine Schenkel hochrutscht. Mit der Hand ziehst Du ihn noch weiter hoch, bis über das Höschen. Dann drängen Deine Finger sich an meinem Höschen vorbei und Du versenkst sie wieder in meiner Muschi, bewegst sie ein bisschen und ziehst sie wieder raus. Du hältst den Arm hoch und spreizt Deine Finger, sodass meine Nässe Fäden zwischen Deinen Fingern zieht.

»Die kleine Schlampe ist geil«, murmelt einer der Typen auf der anderen Seite und beide stoßen ein fieses Lachen aus.

Ich fühle mich gedemütigt und das macht mich leider noch geiler. Du weißt genau, was in mir vorgeht und fängst wieder an, meine Perle zu reiben, während Deine Zunge und Deine Zähne sich mit meinen Nippeln beschäftigen. Ich halte meine Augen fest geschlossen und versuche, mein Stöhnen so gut es geht zu unterdrücken.

Plötzlich ziehen Deine Finger und Deine Zunge sich zurück. Ich öffne die Augen und sehe, dass Du mich mit intensivem Blick ansiehst. Kaum schaue ich Dir in die Augen, setzt Du wieder Dein Grinsen auf und Deine Finger zupfen an meinem Höschen. Ich schüttele meinen Kopf, doch Du zupfst das Höschen noch etwas tiefer und nickst zur Antwort, schaust mir dabei immer noch tief in die Augen, dass mir heiß und kalt wird.

»Ja, zeig uns die Fotze«, feuert Dich einer der Typen an.

Du schaust hoch, gehst ein Stück zur Seite, sodass die Typen mich gut sehen können und ziehst das Höschen ganz runter. Ich keuche auf, wehre mich aber nicht, schließe nur die Augen. Du fängst an, mich zu fingern, spreizt dabei meine Schamlippen immer wieder weit auf und platzierst auch hin und wieder ein paar Schläge zwischen meine Beine.

»Die Typen holen sich grad auf dich einen runter«, flüsterst Du mir ins Ohr, »und dir kleiner Schlampe gefällt das – so feucht, wie du bist.«

Du greifst nach meiner rechten Hand und legst sie an Deinen Schwanz in der Hose.

»... und mir auch«, fügst Du hinzu.

Ich streichle Deinen Schwanz, der noch dicker wird. Dann

öffne ich Deinen Reißverschluss, bin etwas ungeschickt, weil mein Arme und Hände prickeln, als das Blut in sie zurückfließt. Ich befreie Deinen Steifen und beginne, ihn rhythmisch zu massieren, mache nur kurz Halt, um mir über die Handfläche zu lecken. Du stöhnst, greifst in mein Haar und küsst mich. Dann dirigierst Du mich zum Klo, klappst den Deckel runter und drückst mich nach unten. Ich ziehe noch schnell meinen Rock wieder zurecht, bevor ich mich setze und schon schiebst Du mir Deinen Schwanz in den Mund. Mit Deiner Hand in meinem Haar dirigierst Du mich, schiebst Deinen Schwanz tief in meinen Rachen, so wie Du es magst.

Schon bald laufen mir die ersten Tränen aus den Augen und ich würge. Ich höre, dass der eine Typ laut stöhnt und irgendwas Anfeuerndes murmelt, aber die Zuschauer sind jetzt irgendwie nicht mehr so wichtig. Deine Stöße kommen schneller und ich fühle, wie Dein Schwanz unter meiner Hand pulsiert, ich weiß, Du stehst kurz vor dem Abspritzen. Ich bin dankbar, dass Du wohl nicht vorhast, mich hier vor den Typen zu ficken, aber irgendwie bin ich auch ein bisschen enttäuscht. Es wäre schon geil.

Mit Deiner freien Hand befummelst Du meine Titten und kneifst immer wieder heftig in die Nippel, ziehst sie lang. Genauso, wie ich auf den Schmerz stehe, stehst Du drauf, ihn zuzufügen. Dein Griff verstärkt sich noch und die Hand, die meine Haare gepackt hat, zieht mich weit auf Deinen Schwanz, während Du in meinen Hals spritzt. Dein Stöhnen wird untermalt von den Typen, die Dir zurufen, dass Du es mir richtig geben sollst.

Du streichst mir über das Haar, das Du endlich losgelassen hast, drückst einen Kuss drauf und nur ich höre Dein gemurmeltes »braves Mädchen«. Dann packst Du Deinen Schwanz weg, ziehst mich hoch und in Deine Arme.

Als Du mich loslässt, bin ich ein bisschen überrascht davon, wie schnell Du Dich umdrehst und die Tür öffnest.

Der Typ, der davor steht und wohl gelauscht hat, auch. Er zuckt zurück und meint: »Alter, was geht hier eigentlich ab?« Dann bekommt er große Augen, als er mich sieht und flüstert: »Mann, geil.«

Ich will schnell mein Oberteil runterziehen, aber Du hältst meine Hand fest. Du trittst einen Schritt zurück und machst eine auffordernde Kopfbewegung zu dem Typen. Der kommt prompt in die Kabine und Du schließt die Tür wieder. Meine Erstarrung löst sich erst bei dem Geräusch, den der Riegel macht, den Du vorlegst. Ich will zur Tür, aber Du hältst mich zurück und drückst mich wieder gegen die Wand. Du baust Dich vor mir auf, hältst meine Arme an den Seiten fest und schaust mir in die Augen. Langsam schiebst Du meine Hände hinter meinen Rücken, ein letzter fester Druck an meinen Handgelenken, ein Zeichen, dass sie dort bleiben sollen, dann lässt Du los und trittst einen Schritt zurück. Dein Blick wandert an mir herunter, Du ziehst mein Oberteil noch höher und massierst meine Brüste, dann schiebst Du meinen Rock wieder hoch, das Höschen hängt ohnehin noch recht tief, ein Ruck und meine Muschi liegt wieder blank. Zum Abschluss spreizt Du noch meine Beine. Dann trittst Du zur Seite und der andre Typ steht vor mir.

Ich schlucke. Er ist noch ziemlich jung und scheint auch ein wenig unsicher zu sein. Fragend schaut er von mir zu Dir und wieder zurück. Seine Hände hat er vor der Brust ineinandergehakt, so, als wollte er sie daran hindern, sich nach mir auszustrecken. Um Deine Lippen spielt immer noch dieses böse Grinsen. Du legst Deine Hand um meinen Hals, mit der anderen Hand knetest Du eine meiner Brüste, dann nimmst Du seine Hand und legst sie auf meine Brust.

»Nur zu«, nickst Du ihm aufmunternd zu.

Erst noch zaghaft, dann immer heftiger walkt der Typ meine Brüste. Du kneifst in einen meiner Nippel, schön fest.

»Darauf steht die Kleine«, gibst Du ihm den Tipp.

Er umfasst beide Titten, sodass sie aus seinen Fäusten herausquellen und nähert seinen Mund den steifen Nippeln. Kurz schweift sein Blick zur Seite, zu Dir, dann flitzt seine Zunge über die Nippel. Er beschäftigt sich eine Weile mit meinen Brüsten, saugt an den Nippeln und setzt auch seine Zähne ein. Du beobachtest das Ganze und hörst zu, wie mein Atem wieder schneller wird und der Typ leise stöhnt.

»Fühl mal, wie feucht sie ist«, meinst Du dann.

Er hebt den Kopf, schaut zu Dir und dann runter auf meine Muschi. Ich bewege mich unruhig, aber Du verstärkst den Druck Deiner Hand an meinem Hals und schon schiebt mir der Typ eine Hand zwischen die Beine und reibt über meine feuchte Spalte.

»Geil nass«, murmelt er und schiebt erst zwei, dann drei Finger in mich herein.

Ich kann nicht anders, ich stöhne auf. Ich fühle mich irgendwie degradiert, zu Fleisch, dadurch, dass die Kommunikation ausschließlich zwischen Euch stattfindet, herabgesetzt. Aber mein Körper reagiert, so wie er immer auf demütigende sexuelle Situationen reagiert: mit Lust. Dagegen kann ich nichts machen, auch wenn ich mich dafür schäme.

Plötzlich geht der Typ in die Knie, spreizt meine Muschi und fängt an, mich zu lecken. Schauer der Lust durchfahren mich und ich schließe meine Augen. Dafür dass er so jung ist, hat er es echt drauf, er reibt und leckt, eine Hand ist wieder hochgewandert und bearbeitet meine Nippel. Ich stöhne laut auf und frage mich, ob ich ernsthaft in so einer Situation kommen könnte?

»Wenn sie kommt, darfst Du sie ficken«, höre ich Dich sagen.

Der Typ stockt kurz, dann macht er noch heftiger weiter. Trotz Deiner Ankündigung – oder gerade deswegen? – kann ich den Orgasmus nicht lange zurückhalten. Bald zucke ich an dem Mund eines Fremden, dessen Namen ich nicht kenne und der mich, wie es aussieht, gleich in der Toilette in einem Club ficken wird.

Er steht auf und schaut mir in die Augen, mit einem Lächeln, das ein Abklatsch Deines bösartigen Grinsens ist. Du hast Deine Hand von meinem Hals genommen und bist noch einen Schritt zurückgetreten. Der Typ öffnet seine Hose und holt seinen halbsteifen Schwanz heraus. Er reibt ihn mit der einen Hand, dann bearbeitet er mit der anderen wieder meine Nippel. Bald ist er dick und hart. Du streckst den Arm aus und machst mit dem Zeigefinger kreisende Bewegungen. Ich soll mich umdrehen. Ich tue, wie befohlen und lege meine Stirn und meine Arme an die Wand. Ich höre das Geräusch, als ein Kondom ausgepackt wird. Wer von Euch hatte das dabei? Eine Hand begrapscht meine Titten und dann spüre ich den Schwanz an meinen Pobacken. Der Typ nimmt die andre Hand dazu, versucht, sich einen Weg zu bahnen, aber auch nach mehreren Ansätzen ist er nicht drin. Vor allem, weil ich ihm nicht grade helfe. Ich bin mir nicht sicher, ob ich das hier wirklich will? Passiver Widerstand. Nützt aber nichts. Ich spüre Deine Hand in meinem Nacken, die mich nach unten drückt und zwei Hände an den Hüften, die mich energisch weiter nach hinten ziehen. Nun reckt sich ihm mein ausgestreckter Po entgegen. Er fühlt erst mit den Fingern vor, stößt sie ein paar Mal tief in mich, dann ersetzt er sie durch seinen Schwanz, den er erst langsam und dann immer schneller in mich versenkt. Ich habe Schwierigkeiten gegenzuhalten, so kräftig sind seine Stöße. Während er immer schneller wird, spielt Deine Hand mit meinen Brüsten, zieht immer wieder die Nippel lang. Plötzlich fühle ich den Daumen des Typen an meinem Anus, er umkreist ihn, übt Druck aus. Kurz wird der Finger weggenommen, dann kommt er speichelfeucht zurück und dringt in mich ein. Ich fühle, wie der Typ in mir noch härter wird. Die Spielerei an meinem Arsch erregt ihn. Er spuckt auf mein Poloch und versenkt seinen Finger noch tiefer, ich fühle, wie er ihn in mir bewegt.

»Ich würde die Schlampe jetzt am liebsten in den Arsch ficken«, keucht er. Seine Stöße beschleunigen sich noch mehr. »Was sagst du?«, fragt er.

Dich? Mich? Dich! Und Du musst wohl genickt haben oder hat er das jetzt selbst entschieden? Jedenfalls zieht er den Finger aus meinem Po und drückt stattdessen seinen steifen Schwanz dagegen. Ich versuche, auszuweichen, aber er packt meine Hüften wieder fester. Ganz langsam, Zentimeter für Zentimeter, schiebt er mir seinen harten Schwanz in den Arsch und beginnt mich zu ficken.

»Ohja«, stöhnt er dabei, »so eng, das ist gut.«

Du ziehst meinen Kopf etwas zu Seite und zwängst Dich zwischen die Wand und mich. Dabei schiebst Du mich nach hinten, noch tiefer auf seinen Schwanz. Du hast Deine Hose geöffnet und etwas heruntergezogen. Obwohl Du grade gekommen bist, ist Dein Schwanz schon wieder halb steif. Du ziehst mein Gesicht an Deinen Unterleib und beginnst, Dich an mir zu reiben. Der Schwanz in meinem Arsch wird schneller, der Typ spuckt noch ein zweimal drauf, um es leichter zu machen. Seine Finger krallen sich in meine Hüften. Deine Hände bearbeiten meine Titten und Du wirst härter. Du ziehst meinen Kopf hoch und steckst ihn mir in den Mund. Ich stütze mich rechts und links von Dir an der Wand ab, damit ich nicht umfalle, während ihr beide mich bearbeitet. Während das Tempo, mit dem ich in den Arsch gefickt werde, schneller und schneller wird, ziehst Du meinen Kopf immer wieder langsam und genüsslich auf Deinen Steifen. Der Typ schiebt mir seinen Schwanz noch einmal ganz tief rein, dann spüre ich, wie er zuckt. Er kommt. Er beugt sich herunter, bis sein Bauch auf meinem Rücken liegt und ich seinen Atem im Ohr spüre.

»War das geil«, flüstert er.

Er steckt immer noch tief in meinem Arsch und bewegt sich leicht hin und her. Scheint gar nicht schlaff werden zu wollen. Die Bewegung wird wieder heftiger. »Ich bin noch nicht fertig mit mir«, flüstert er und richtet sich wieder auf.

Und schon rammelt er mich weiter durch. So langsam wird es anstrengend und ich weiß nicht, wie lange ich mich noch halten kann. Meine Arme zittern schon. Ab und an rutsche ich an der Wand ab. Du packst mich an den Oberarmen und ziehst meine Arme nach oben. So gibst Du mir gleichzeitig Halt und kannst Deinen Schwanz noch besser in meinen Mund rammen, bis der Typ mir ein zweites Mal in den Arsch spritzt. Diesmal zieht er sich aus mir heraus.

Fast sofort richtest Du mich auf und ich vergrabe schwer atmend mein Gesicht an Deiner Brust. Nach einer Weile merke ich, wie Du mein Höschen und den Rock zurechtzupfst. Du nimmst mich an den Armen und schiebst mich ein Stück von Dir weg.

»Können wir gehen?«, fragst Du.

Ich drehe mich um und ziehe dabei meine Bluse wieder runter. Wir sind allein in der Kabine. Ich habe gar nicht gemerkt, dass der Typ gegangen ist.

Im Taxi legst Du einen Arm um mich und flüsterst: »Und, Liebes, wie hat dir der Abend gefallen? War es so geil, wie du dachtest, vorgeführt und zur Benutzung freigegeben zu werden?«

Die Scham treibt mir mal wieder das Blut in die Wangen, wie so oft, wenn Du für mich Fantasien wahr werden lässt und ich kann nur nicken.

»Mich hat es echt geil gemacht, wie die Typen dich beglotzt und gefickt haben.« Du zwinkerst. »Kann sein, dass ich dich jetzt öfter mal verleihe …«

Du weißt zu viel, hast schon wieder dieses böse Grinsen … und mir wird ganz heiß, wenn ich es sehe.

3. WUNDGEVÖGELT

Wir sind verabredet und Du hast mir genau gesagt, was ich anziehen soll. Dummerweise hast Du nur einen BH, ein Höschen, Halterlose und hohe Schuhe erwähnt, womit klar ist, dass auch nicht mehr gemeint ist ... zwar kommst Du zu mir nach Hause, aber ich fühle mich sehr unwohl dabei, Dir so die Tür aufzumachen.

Zudem friere ich, hab alle Heizungen schon aufgedreht, aber nichts hilft gegen meine Gänsehaut. Unser letztes Treffen war sehr spannend, aber das ist schon länger her. Was, wenn es diesmal ganz anders kommt. Ich kenne Dich doch eigentlich gar nicht. Am liebsten würde ich jetzt doch kneifen.

Da kommt eine SMS von Dir: »Ich stehe unten. Drück den Summer, öffne die Tür einen Spalt, verbinde dir mit einem Tuch die Augen und knie dich mit dem Gesicht zur Tür hin.«

In Sekundenschnelle rast mein Puls. Ich drücke den Summer und zögere mit der Hand an der Tür ... Soll ich das wirklich tun? Da höre ich schon, wie der Fahrstuhl sich in Bewegung setzt. Ich binde mir einen Schal um die Augen und knie mich hin. Ich höre, wie die Fahrstuhl-Tür aufgeht und dann nichts mehr. Bist Du schon da? Stehst Du in der Tür? Warum sagst Du nichts? O Gott, was, wenn es jemand anders ist?

Die Tür wird geschlossen. Ich spüre, dass jemand bei mir ist. Jetzt höre ich auch Schritte. Mein Atem beschleunigt sich. Du bleibst vor mir stehen, ohne etwas zu sagen. Als ich schon Luft hole, um Dich anzusprechen, gehst Du um mich herum und bleibst hinter mir stehen. Mir wird die Stille zu viel und ich setze an, etwas zu sagen, aber Du bringst mich mit einem scharfen »Shhh!« zum Schweigen. Endlich höre ich Deine Stimme. Du sagst, dass ich Dir heute bedingungslos gehorchen werde. Jede Weigerung, jedes Zögern, jede Spur von schlechtem Benehmen wird sofort bestraft. Dann befiehlst Du mir, den BH auszuziehen.

Ich bin verunsichert und rühre mich nicht.

»Das ist dann wohl die erste Strafe«, höre ich Dich sagen.

Du klingst zufrieden und fragst mich, ob ich noch länger zögern will? Du hast einen Unterton in der Stimme, der mir noch mehr Gänsehaut verursacht. Brav fasse ich hinter mich, öffne den Verschluss meines BHs und streife ihn ab. Mit einer Hand lege ich ihn zur Seite, mit der anderen versuche ich automatisch, meinen Busen zu verdecken. Ich kann Deine Missbilligung quasi fühlen. Du sagst, wenn ich so weiter mache, kommen wir aus der Bestrafung gar nicht mehr raus.

Ich senke meinen Arm und lege beide Hände auf meine Oberschenkel.

»Mach den Rücken gerade, streck deine Brüste raus, präsentiere sie mir«, kommandierst Du.

Ich würde am liebsten fragen, was denn bitte mit »präsentiere sie« gemeint ist, beiße mir aber gerade noch rechtzeitig auf die Zunge. Du scheinst heute nicht zum Spaßen aufgelegt. Also hebe ich den Kopf und strecke den Rücken durch. Du schweigst. Ich strecke meine Brust noch weiter raus. Immer noch keine Reaktion von Dir. Ich bekomme einen Kloß im Hals und fühle mich unzulänglich. Was willst Du noch? Zögernd hebe ich meine Hände und lege sie unter meine Brüste. Ich hebe sie etwas an. Das sieht sicher total dämlich aus. Vor Scham senke ich meinen Kopf. Da spüre ich Deine Hand auf meinem Haar. Du streichst mir ein paar Mal über den Kopf. Dann kommst Du nach vorn und stellst Dich zwischen meine Beine. Mit den Füßen schiebst Du meine Knie noch etwas weiter auseinander. Mit einer Hand fasst Du unter mein Kinn und hebst es an. Immer weiter, bis mein Kopf im Nacken liegt. Wären meine Augen nicht verbunden, könnte ich Dir jetzt ins Gesicht schauen und Deine Stimmung ablesen. Ich spüre den

Stoff Deiner Hose an meiner Wange. Du reibst Deinen Harten durch den Stoff an meinem Gesicht. Ich weiche reflexartig etwas zurück. Schon krallt sich Deine Hand in mein Haar und Du ziehst mich mit einem Ruck wieder nach vorn. Mit beiden Händen umfasst Du meinen Hinterkopf und schiebst mein Gesicht unsanft in Deinen Schoß, während Dein Becken kreist und stößt. Zum Glück bin ich, wie immer, ungeschminkt.

Du schiebst meine Knie noch etwas weiter auseinander und murmelst mit heiserer Stimme: »Ich weiß, das gefällt dir. Ich wette, du kleine Schlampe bist schon richtig feucht.«

Eine Deiner Hände wandert herunter zu meinen Brüsten. Du knetest sie nicht gerade sanft und ziehst dann den Nippel lang. Du weißt, wie empfindlich meine Brustwarzen sind und wie ich darauf reagiere, wenn Du sie quälst.

»Nimm die Hände von deinen Tittchen und mach meine Hose auf«, kommandierst Du. »Ich will meinen Schwanz geblasen haben.«

Gehorsam taste ich mich zu Deinem Hosenschlitz vor und ziehe den Reißverschluss nach unten. Auch den Knopf bekomme ich ganz gut geöffnet. Ich fasse in den Schlitz und reibe und drücke Deinen heißen steifen Schwanz. Dafür werde ich mit einem Stöhnen belohnt. Dann versuche ich, in Deine Shorts zu greifen, um ihn daraus zu befreien. Aber das ist gar nicht so einfach, ohne zu sehen, was ich tue. Dass Dein Schwanz schon steif und die Shorts recht eng sind, hilft auch nicht gerade. Du quälst mittlerweile mit beiden Händen meine Nippel. Zwirbelst sie und kneifst fest in sie, um sie dann lang zu ziehen. Mein Keuchen und die gelegentlichen Schmerzenslaute machen Dich nur noch geiler. Endlich kann ich Deinen Schwanz befreien und fange an zu blasen.

»Hände hinter den Rücken! Ich hab blasen gesagt, nicht massieren«, kommandierst Du.

Brav lege ich meine Hände auf dem Rücken ineinander und lutsche weiter Deinen Schwanz. Ohne Hände bin ich dabei etwas ungeschickter, und als Du anfängst zu stoßen, rutscht er mir aus dem Mund. Als Reaktion bekommt meine rechte Brust einen kräftigen Schlag ab. Ich öffne meinen Mund weit, will Dich ja gern weiterblasen und komme mit dem Kopf etwas nach vorn. Ich spüre auch Deinen Schwanz an meinen Lippen. Aber Du schiebst ihn nicht rein, sondern er geht seitlich vorbei und reibt über meine Wange. Dabei schlägst Du meine andere Brust. Blind versuche ich, Deinen Schwanz wieder in meinen Mund zu bekommen. Als es klappt, blase ich, aber schon bald rutscht er erneut heraus. Ich argwöhne, dass Du das mit Absicht machst, denn während meiner Fehlversuche, wenn Dein Schwanz mir um die Wangen schlägt, sparst Du nicht mit hämischen Kommentaren und bestrafst meine Titten für meine Unfähigkeit.

Schließlich erklärst Du, Du hast genug von mir. Was für eine schwanzgeile Schlampe ich wäre, die aber noch nicht einmal ordentlich blasen könnte. Du packst meinen Hals mit einer Hand und legst die andere an meinen Hinterkopf. Dann schiebst Du mir Deinen Schwanz tief in den Hals und bringst mich zum Würgen. Je mehr ich bei Deinen Stößen würge und versuche, mich aus Deinem Griff zu winden, desto geiler wirst Du und desto tiefer stößt Du. Als ich schließlich wirklich das Gefühl habe, ich müsste gleich kotzen, kann ich nicht mehr mit den Armen auf dem Rücken verharren. Ich stemme meine Hände gegen Deine Oberschenkel und befreie meinen Kopf mit einem Ruck aus Deinen Händen. Ich bin echt sauer auf Dich. Aber als Du eine Weile nichts sagst und mich auch nicht mehr anfasst, werde ich schon wieder unsicher. Soll ich vielleicht die Augenbinde abnehmen? Dann könnte ich wenigstens in Deinem Gesicht lesen.

Als hättest Du meine Gedanken gehört, sagst Du: »Nimm die Augenbinde ab.«

Erleichtert streife ich das Tuch ab. Du stehst mit versteinertem Gesichtsausdruck vor mir und musterst mich. Deine Augen haben es mir vom ersten Moment an angetan. Sie sind von einem ganz hellen Blau. Husky Augen. Ihr Blick ist für mich irgendwie bezwingend, hypnotisch und jetzt sehen sie mich mit diesem kalten Blick an. Ich bekomme eine Gänsehaut unter diesem Blick. Dein Schwanz ist wieder in Deiner Hose und die ist geschlossen. Willst Du etwa das Spiel abbrechen, weil ich ungehorsam war? Ich schlucke.

»Gib mir das«, forderst Du und streckst eine Hand aus.

Ich lege das Tuch hinein.

»Steck dir zwei Finger in deine Fotze, dann zeig mir, wie feucht du bist«, sagst Du mit tonloser Stimme.

Normalerweise hasse ich es, wenn Du mich dazu aufforderst. Aber jetzt beeile ich mich, Deiner Aufforderung nachzukommen und schiebe mir zwei Finger ins Höschen, dann in meine Spalte. Wow, ich bin wirklich extrem feucht. Als ich sie herausziehe, streife ich unauffällig an meinem Höschen entlang, weil ich mich schäme, Dir zu zeigen, wie triefend nass ich bin.

Du hebst nur Deine Augenbrauen und sagst: »Schieb das Höschen zur Seite, spreiz deine Fotze mit der anderen Hand und dann nochmal.«

Diesmal kann ich das Ausmaß meiner Erregung nicht verbergen.

»Bleib so«, sagst Du und bückst Dich, um etwas aus Deinem Rucksack zu holen. Es ist ein Dildo, kurz, aber ziemlich dick.

»Schieb dir das rein«, sagst Du und hältst mir das Ding hin.

Ich nehme den Dildo und führe ihn zu meinem Eingang, mit der anderen Hand halte ich immer noch meine Schamlippen auseinander. Ich setze ihn an, aber er passt nicht, das

Ding ist wirklich etwas dick. Du beobachtest das Ganze mit unnachgiebigem Blick. Ich schiebe den Dildo vor und zurück, erhöhe den Druck und bekomme ihn so Zentimeter für Zentimeter tiefer. Als er festsitzt, guckt etwa noch die Hälfte heraus und ich lasse ihn los.

»Weiter, schieb dir das ganze Ding rein und ein bisschen zügig oder soll das den ganzen Abend dauern?«, fragst Du.

Ich schicke Dir probehalber einen bittenden Blick, den Du natürlich ignorierst. In meinem Bauch flattern Schmetterlinge. Es erregt mich, wie Du mich dazu bringst, solche Dinge zu tun. Ich drücke fester und fester, genieße die Schmerzen, mit denen meine Muschi gedehnt wird und schaffe es nach und nach, auch den Rest des Dildos in mich zu schieben.

»Brave Schlampe, und jetzt schön das Höschen wieder drüberziehen«, hast Du dazu zu sagen.

»Mach schön Sitz, während ich mir die Wohnung ansehe!« Mit diesen unverschämten Worten lässt Du mich halbnackt, wütend und beschämt in meinem Flur sitzen.

Während ich zu meiner Haustür blicke und Deinen Schritten auf meinem Parkett lausche, spüre ich den fetten Dildo in mir.

***

Ich höre Deine Schritte zurückkommen. Du bleibst hinter mir stehen und legst Deine Hände auf meine Oberarme. Du ziehst mich hoch. Ich komme etwas mühsam auf die Beine, durch die hohen Schuhe war das Knien unbequem und meine Beine sind steif. Von hinten umfasst Du meine Brüste und knetest sie. Ich lehne mich zurück, an Dich, und spüre, dass Du immer noch hart bist. Du drehst mich um, fasst mir mit einer Hand in den Nacken und küsst mich. Darauf habe ich die ganze Zeit gehofft. Als Du Dich zurückziehst und ich Dir mit emporgewandtem Gesicht noch etwas folge, fragst Du mich, ob ich schon wieder so gierig wäre. Ich antworte nicht und Du sagst, dann wäre es wohl jetzt definitiv Zeit für eine Strafe.

Du ziehst mich hinter Dir her in die Küche. Dort drückst Du meinen Oberkörper auf den Küchentisch.

Du befiehlst mir: »Halt still! Wehe, du bewegst dich!«

Ich erwarte, dass Du mir auf den Po haust, beiße die Zähne zusammen und spanne alle Muskeln an. Der Schlag kommt auch. Aber es ist nicht Deine Hand, es ist ein scharfer, beißender Schmerz, so überraschend, dass ich hochfahre, aufkeuche und mir mit beiden Händen an den Po fasse. Ich drehe mich um, um zu sehen, womit Du mich da geschlagen hast und frage Dich, ob Du spinnst. Mit dieser Reaktion hast Du augenscheinlich gerechnet. Du verziehst keine Miene, stehst einfach nur ruhig da, hast eine Gerte in der Hand. Du fragst, ob es mich anmacht, damit geschlagen zu werden. Mir bleibt der Mund offen stehen.

Endlich bringe ich ein »Nein, kein bisschen!« heraus.

Du meinst, dass ich mich dann lieber schnell wieder umdrehen und in Position bringen sollte, denn je länger ich Theater mache, desto mehr Schläge würden es. Ich setze noch ein paar Mal zum Protestieren an und Du antwortest einfach nur mit einer Zahl – erst zehn, dann fünfzehn.

Bei zwanzig gebe ich auf und lege mich wieder auf den Tisch. Ich halte mich rechts und links an der Tischkante fest und warte mit zusammengebissenen Zähnen auf die Schläge. Du nimmst Dir mal Zeit, mal folgen die Schläge dicht aufeinander und immer tun sie weh. Ich habe bis fünfzehn gezählt, als Du mich wieder fragst, ob es mich anmacht? Ich sage: »Nein.«

Du fragst, wie erregt ich bin. Als ich nicht antworte, fragst Du, ob Du selbst fühlen musst? Du schiebst mein Höschen zur Seite und gleitest mit zwei Fingern ganz leicht in mich. Ich weiß, was Du fühlst: den Dildo, der ein bisschen aus mir herausgerutscht ist und dass ich sehr, sehr feucht bin. Du stellst fest, dass es mich wohl doch anmacht, so nass wie ich bin ... Du schiebst Deine Finger in mich hinein und ziehst sie heraus, wobei Du den Dildo wieder weiter in mich drückst. Dabei stört Dich mein Höschen, deswegen ziehst Du es nach unten, bis es auf meine Schuhe rutscht. Ich trete aus ihm heraus. Jetzt trage ich nur noch Halterlose und die hohen Schuhe, während Du immer noch Hemd und Anzug, ja sogar noch Deine Krawatte, trägst. Irgendwie kommt mir das besonders anrüchig vor, dass Du vollständig bekleidet bist, ich quasi nackt auf meinem Küchentisch liege, Dir meine blanke Spalte präsentiere, in der ein Dildo steckt und in die Du mit Deinen Fingern stößt. Mit der anderen Hand massierst Du meine Klit, bis ich mich auf dem Tisch winde und stöhne.

»Brauchst du eine Pause oder sollen wir mit den Schlägen weitermachen?«, fragst Du.

Ich weiß, dass es eine Falle ist, aber egal, was ich sage, ich kann eh nur verlieren. Also antworte ich Dir, dass ich noch eine Pause brauche. Natürlich machst Du nicht weiter, sondern richtest Dich wieder auf.

Mit der Gerte streichst Du über meinen Po und an den Innenseiten meiner Oberschenkel hinauf und hinunter. Dann spüre ich, wie der Knauf über meine Schamlippen streicht. Du versuchst, ihn in mich zu drücken, aber da ist ja schon der Dildo.

»Ach ja, die Fotze ist ja schon besetzt«, meinst Du.

Noch ein paar Mal reibst Du auf und ab. Dann gleitet der Knauf höher und presst sich an meinen Anus. Ich verspanne mich. Über das Thema haben wir, wie über so Vieles andere auch, vorab per Chat geredet. Es ist nicht wirklich ein Tabu, aber ich habe schon klargemacht, dass es für mich nicht unbedingt zum Standard gehört, auch wenn ich keine anale

Jungfrau mehr bin. Momentan bin ich hin- und hergerissen. Was wirst Du tun? Dumme Frage. Du übst mehr und mehr Druck aus und versuchst, den Knauf in mich zu bohren. Ich bewege mich unruhig und versuche, auszuweichen.

»Still halten«, zischst Du und knallst eine Hand auf meinen Po.

Du presst mich gleichzeitig auf den Tisch und ziehst die Pobacke zur Seite, um mein enges Loch weiter zu öffnen. Du drückst und drehst den Knauf, dabei stöhnst Du ein erregtes »Ja, komm schon«. In dem Moment, wo der Knauf tatsächlich fast in meinem Arsch verschwindet, stoße ich ihn mit einer Hand zur Seite und richte meinen Oberkörper auf.

»Ich glaube, ich will das nicht«, sage ich.

»Und ich weiß, dass *ich* das will«, antwortest Du, fegst meine Hand zur Seite und drückst mich wieder herunter.

»Ich hatte dir befohlen, *dich … nicht … zu …* bewegen.« Die letzten drei Wörter sagst Du laut und betont und mit bewussten Pausen dazwischen. »Also lass das! Du wirst dafür mit fünf weiteren Hieben bestraft werden. Aber erst bekomme ich, was ich will!«

Als ich stumm bleibe, nimmst Du meine Arme und führst sie auf dem Rücken zusammen.

»Ich werde dafür sorgen, dass du nicht nochmal gegen meine Anweisung verstößt«, kündigst Du an und fesselst mir meine Arme mit dem Tuch auf dem Rücken. Dann spüre ich Deinen Daumen, der mein Poloch umkreist. Mein Atem ist mittlerweile eher ein Keuchen. Eine Mischung aus Angst und Erregung. Ich stöhne laut auf, als ich plötzlich auch Deine Zunge an meinem Anus fühle. Du umkreist mein Loch und stößt gleichzeitig mit dem Finger in die Rosette. Du überwindest den Widerstand und ich stöhne auf. Du richtest Dich auf, fickst mich mit Deinem Daumen und Deine andere Hand findet meine Klit.

Dein Oberkörper liegt auf mir und nagelt mich auf dem Tisch fest. Immer tiefer bohrst Du Deinen Daumen in mich, dabei presst Du Deinen Unterleib rhythmisch an mich.

»Jetzt fühlt es sich geil an, oder?«, flüsterst Du in mein Ohr.

Ich stöhne erneut.

»Ja, ich wusste, du magst es«, flüsterst Du heiser. Dann ziehst Du Deinen Daumen heraus und ich spüre den kalten Knauf der Peitsche.

»Halt schön still«, keuchst Du und drehst den Knauf zwischen meinen Pobacken, dann bohrst Du ihn tiefer und tiefer.

Es kommt wieder ein Moment, wo ich mich am liebsten wehren würde, denn der Knauf dehnt mein Poloch viel mehr, als ich glaube, ertragen zu können, aber Dein Gewicht drückt mich auf den Tisch und meine gefesselten Hände sind zwischen uns eingeklemmt. Der Knauf rutscht mit einem kleinen Ruck und einem Schrei von mir in mich und Du stöhnst befriedigt auf. Du bewegst die Gerte nicht, sondern rubbelst nur heftig meine Perle und küsst meinen Nacken. Als ich stöhne, fängst Du an, mich ganz langsam mit der Peitsche zu ficken. Es erregt Dich wohl sehr, denn Du stöhnst dabei fast lauter als ich und Deine Hüften stoßen immer schneller zu. Du richtest Dich auf und nimmst Deine Hand von meiner Klit, während Du weiter rhythmisch den Knauf in mich bohrst. Ich höre Deinen Reißverschluss und sehe Dich seitlich in mein Blickfeld treten. Mit Deiner Hand an meinem Hinterkopf ziehst Du mich zur Tischkante und schiebst mir Deinen Schwanz in den Mund. Ein paar Mal stößt Du ihn tief rein, dann ziehst Du ihn raus und bringst Dein Becken etwas höher.

»Komm schon, kleine Dreilochstute, leck mir die Eier«, forderst Du mich auf.

Während ich meine Zunge rausstrecke und Deine Eier lecke, massierst Du Deinen Schwanz. Du drängst Dich immer weiter gegen mich. Ich öffne meinen Mund und sauge Deine Hoden soweit es geht ein, dabei spiele ich mit meiner Zunge an ihnen. Plötzlich scheinst Du genug zu haben. Du ziehst Deine Eier aus meinem Mund und trittst hinter mich. Spielerisch zupfst Du an der Gerte.

»Leider müssen wir sie jetzt für den letzten Teil der Bestrafung nutzen«, sagst Du, während Du sie aus mir herausziehst. Dann prasseln auch schon die nächsten Schläge auf meine Pobacken. Fünf rechts und fünf links. Ich habe Tränen in den Augen und will mich aufrichten, aber Du drückst mich mit einer Hand in meinem Nacken wieder hinunter. Die Gerte legst Du auf den Tisch neben mein Gesicht.

Ich fühle Deinen Schwanz zwischen meinen Beinen. Du streichst mit ihm an meinen Schamlippen vorbei und zwischen meine Pobacken, dann wieder herunter. Eine Hand liegt noch immer in meinem Nacken. Du beugst Dich zu mir und küsst mich. Du blickst mir tief in die Augen und sagst, dass Du entscheidest, was in welches meiner Löcher kommt. Ich gehöre Dir, meine Löcher gehören Dir. Du fixierst mich mit Deinen Husky-Augen.

»Verstehst du das?«, fragst Du.

Ich nicke.

»Gut.« Du lächelst und sagst mir, dass ich meine Beine spreizen soll. Ich gehorche. Ohne weitere Umstände ziehst Du den Dildo aus meiner Muschi und dringst von hinten in mich ein. Dein Schwanz ist fast genauso dick wie der Dildo, weshalb es gut ist, dass ich schon gedehnt bin. Du beginnst langsam, mich zu vögeln, ziehst Deinen Schwanz immer wieder fast ganz raus und schiebst ihn wieder rein. Ich klammere mich erneut an den Tisch und schiebe mich Dir entgegen. Du wirst heftiger und stößt mich immer fester, aber der ganze Tisch wackelt beängstigend und Du hörst auf. Du ziehst mich hoch, nimmst mich einfach auf die Arme und trägst mich ins Schlafzimmer. Ich bin kein Leichtgewicht, aber zwischen uns besteht ein ziemlicher Größenunterschied und Du trägst mich, als wäre das nichts.

Halb legst, halb schmeißt Du mich aufs Bett. Ich liege auf dem Rücken. Mit den noch immer gefesselten Händen unter mir, habe ich Mühe, meinen Oberkörper soweit aufzurichten, dass ich Dich sehen kann. Du stehst in Deinem grauen Anzug vor mir, Dein erigierter Schwanz sprengt fast Deinen Hosenschlitz. Du spreizt meine Beine und kniest Dich dazwischen. Mit einer Hand drückst Du mich nach hinten, bis ich auf dem Bett liege, dann umfasst Du mit jeder Hand einen meiner Knöchel, streckst meine Beine gespreizt nach oben und dringst in mich ein. Du vögelst mich immer heftiger, dabei lässt Du meine Beine los und beugst Dich weiter zu mir herunter. Du hältst mir mit einer Hand den Mund zu, sodass die Szene plötzlich etwas von einer Vergewaltigung hat. Nur, dass ich mich nicht wehre, stattdessen presse ich mich an Deinen Oberkörper und umschlinge Deinen Po mit meinen Beinen. Du nimmst Deine Hand von meinem Mund und massierst meine Brüste, zwickst meine Nippel und küsst mich heftig. Plötzlich ziehst Du Dich heraus, umschlingst meine Hüfte, ziehst mich nach unten, kniest Dich über mein Gesicht, fasst mit einer Hand unter mein Kinn und drückst zu, sodass sich Deine Finger in meine Wangen bohren und sich mein Mund öffnet. Dann schiebst Du mir Deinen Schwanz zwischen die Lippen. Es ist weniger so, dass ich Dir einen blase, als dass Du meinen Mund vögelst. Je tiefer Du kommst, desto unruhiger werde ich und beginne mich zu wehren. Du packst nur stärker zu und fragst, ob ich wieder bestraft werden möchte. Obwohl ich bereits Tränen in den Augen habe, stelle ich meine Gegenwehr ein, denn mein Po schmerzt immer noch. Schließlich drehst

Du mich auf den Bauch, ziehst meinen Hintern hoch, bis ich mit gespreizten Beinen vor Dir knie. Während ich noch nach Luft schnappe, fängst Du bereits an, mich heftig von hinten zu nehmen, bis Du kommst. Du löst das Band und ich stelle meine Hände auf, um Dein Gewicht auf meinem Rücken abstützen zu können. Du ziehst Dich aus mir zurück und ich falle ziemlich kraftlos auf die Seite.

Nach einer Weile höre ich die Tür. Du bist gegangen und hast mich wundgevögelt liegen lassen.

4. Schmutziges Mädchen

Wir treffen uns in einer Bar. Ich trage das hautenge Schlauchkleid und die HighHeels und fühle mich in diesen aufreizenden Klamotten, noch dazu ohne BH, gelinde gesagt etwas unwohl. Kurz bevor wir ausgetrunken haben, will ich noch einmal verschwinden. Du hältst mich auf und sagst mir, dass ich mein Höschen ausziehen und Dir mitbringen soll. Natürlich weigere ich mich erst und natürlich setzt Du Dich durch.

Ich komme zurück, unter dem hautengen Nichts von einem Kleid nun vollkommen nackt, und drücke Dir verstohlen mein zusammengeknülltes Höschen in die Hand. Anstatt es einzustecken, faltest Du es auseinander und musterst es in aller Ruhe vor allen Leuten. Ich werde knallrot vor Scham. Zum Glück gehen wir.

Auf dem Weg durch den dunklen Park drückst Du mich an eine niedrige Mauer und küsst mich, dass mir die Knie weich werden. Deine Hand wandert zwischen meinen Beinen hoch. Ich versuche, Dich aufzuhalten. Zur Strafe drehst Du mich herum. Ich muss mich gebückt auf der kleinen Mauer abstützen und die Beine spreizen. Jeden Moment könnte jemand kommen und uns sehen, doch all mein Protest nützt gar nichts. Mit einer Hand in meinem Nacken sorgst Du dafür, dass ich stillhalte, während Du Deine Finger zwischen meine Beine zwängst. Erst, nachdem ich meinen Widerstand aufgegeben habe, und Du bekommen hast, was Du wolltest, lässt Du los. Ich darf mich aufrichten und bekomme Deine Finger, die zeigen, wie erregt ich bin, zum Ablecken. Du fasst mich am Arm und führst mich weiter. Das Tempo ist etwas zu schnell für die hohen Absätze und das enge Schlauchkleid, insbesondere, weil ich Angst habe, dass das Kleid hoch- oder runterrutscht. Wie ich so strauchelnd neben Dir herstöckele und an meinen Kleid zupfe, sehen uns die Passanten seltsam an.

Endlich sind wir bei meinem Haus.

Im Fahrstuhl presst Du mich gegen die Wand, küsst mich grob und fängst an, meine Brüste fest zu kneten. Reflexartig versuche ich, Deine Hände wegzuschieben. Du packst meine Hände und führst sie auf meinen Rücken. Mit einer Hand in meinem Haar ziehst Du meinen Kopf zurück, während Du mit der anderen weiter meine Brüste bearbeitest, sie knetest und in die Nippel kneifst. Da Du damit drohst, dass wir so im Fahrstuhl bleiben, bis ich still halte, verkneife ich mir jeden Ton und lasse meine Hände schön brav auf meinem Rücken.

Als wir endlich in meiner Wohnung sind, bin ich erleichtert, aber auch ängstlich und sehr erregt ... In meinem Kopf dreht sich alles ein wenig und ich bekomme kaum mit, wie Du mir das obere Teil meines Kleides herunterziehst, sodass meine Brüste nun frei sind. Nun setzt Du Deinen Mund und Deine Zähne ein. Es tut weh und wieder kann ich nicht anders, ich versuche, Deinen Kopf wegzuschieben.

Jetzt reicht es Dir. Du fesselst mir die Hände auf den Rücken, sodass ich Dir nicht mehr in die Quere kommen kann. Als Du genug hast, drückst Du mich auf die Knie. Ich weiß, was jetzt kommt und lecke mir über die Lippen. Du öffnest Deine Hose und forderst mich auf, Dich zu blasen. Ich öffne bereitwillig meinen Mund, doch statt mir Deinen Schwanz zwischen die Lippen zu schieben, dirigierst Du ihn so, dass er mir auf die Wange klatscht. Ich drehe meinen Kopf zur Seite, doch Du greifst unter mein Kinn und zwingst mich zurück. Noch ein paarmal »verfehlst« Du absichtlich meinen Mund, dann pressen sich Deine Finger in meine Wangen und Du schiebst ihn mir rein. Du lässt mich blasen. Aber bald ergreifst Du selbst die Initiative und schiebst mir Deinen Schwanz weiter und weiter in den Mund. Während ich hilflos würge und mir die Tränen in die Augen steigen, hältst Du mich mit beiden Händen fest und führst meinen Kopf. Erst, nachdem Du Deinen Schwanz aus meinem Mund ziehst, kann ich wieder vernünftig atmen.

Du ziehst mich hoch und mir zusätzlich das Kleid über die Hüften hoch, sodass ich nur noch einen Schlauch um die Mitte trage. Du drehst mich herum, und ich blicke in den großen Garderobenspiegel. Ich beobachte, wie eine Deiner Hände zwischen meine Beine wandert und mich dort reibt, während die andere Hand sich mit meinen Brüsten beschäftigt. Meine gefesselten Hände liegen dabei an Deinem Schwanz, sodass ich ihn reiben kann.

»Guck nur, was für eine geile Schlampe du bist«, sagst Du. »Deine Schenkel sind ganz feucht. Schon im Park war das so. Du stehst darauf, fast erwischt zu werden, oder?« Du beugst Dich näher zu mir und flüsterst mir ins Ohr: »Das nächste Mal sorge ich dafür, dass wir erwischt werden. Ich fahre mit dir zu einem dieser Parkplätze. Ich werde dich über einen der Picknicktische dort beugen und deinen Rock hochziehen, sodass man deine Muschi und deinen Arsch sieht. Jeder der dort ist, darf zusehen, wie ich dich fingere. Vielleicht lasse ich dich auch von einem der geilen Kerle dort befummeln. Wie würde dir das gefallen?«

Ich schüttele den Kopf, aber meine Muschi, die sich um Deine Finger zusammenzieht, spricht eine andere Sprache.

Du lachst dreckig, ziehst Deine Finger aus mir heraus und schubst mich an die Tür. Du befiehlst mir, so wie ich bin, mit gespreizten Beinen zu warten und darüber nachzudenken, was für ein versautes und schmutziges Mädchen ich bin, während Du in aller Seelenruhe die Wohnung inspizierst.

Du kommst zurück, bleibst vor mir stehen und betrachtest mich wortlos ... Ich werde kribbelig, fühle mich unwohl und muss meinen Blick senken. Schließlich erbarmst Du Dich und packst mich am Arm, um mich zu Dir zu ziehen.

»Mir gefällt es, dass du so ein schmutziges Mädchen bist«, raunst Du mir zu, während Du mich vor Dir her ins Schlafzimmer schiebst, in dem mein neues Bett steht.

Du bringst mich über dem Bett wieder in dieselbe Position wie im Park, nur, dass ich mich nun nicht mehr abstützen kann, da meine Hände immer noch hinter meinem Rücken gefesselt sind. Meine Wange liegt auf der Matratze, mein Hintern streckt sich Dir entgegen. Du forderst mich auf, meine Beine zu spreizen. Weil ich nicht sofort gehorche, schlägst Du mir mit der flachen Hand auf den Hintern. Du stellst Dich hinter mich und beginnst mich zu fingern. Du spielst mit Deinen Fingern an meiner Klitoris, bis ich zu stöhnen beginne. Dann fragst Du, ob ich jetzt gefickt werden will.

Mein Schweigen bringt mir einen weiteren Schlag auf den Po ein. Du reibst mich weiter, fragst, ob Du ihn reinstecken sollst und quittierst jede Antwort mit einem Hieb auf meinen Po, bis Schmerz und Lust verschmelzen und ich Dich anbettele, es endlich zu tun.

Schließlich streifst Du Dir ein Kondom über, fasst mich an der Hüfte und ziehst meinen Hintern noch etwas näher zu Dir heran. Ich spüre Deinen steifen Schwanz und halte den Atem an, während Du in mich eindringst. Obwohl ich feucht bin, tut es ein bisschen weh. Ich winde mich und versuche, von Dir abzurücken, aber Du hältst mich fest, während Du Dich tiefer bohrst. Du bewegst Dich schneller und stößt mich immer heftiger. Doch als Du spürst, dass meine Hüften Dir gierig entgegenkommen, hörst Du auf.

Du packst meine Haare und ziehst meinen Kopf vom Bett in meinen Nacken und flüsterst mir ins Ohr: »Du glaubst doch nicht, dass ich vergessen habe, dass du noch bestraft werden musst!«

Bevor ich weiß, wie mir geschieht, liege ich mit gespreizten

Beinen auf dem Rücken und Du bist über mir. In der Hand hältst Du zwei Wäscheklammern, die Du auf Deinem Gang durch die Wohnung mitgenommen haben musst. Bei dem Anblick beginne ich zu zappeln und versuche, mich zu befreien.

Natürlich nützt das gar nichts, denn meine Hände sind fest gefesselt. Ich rede auf Dich ein und versuche zu verhandeln. Ich habe das Gefühl, dass es Dir gefällt, wie ich mich unter Dir winde, während meine Brüste sich Dir, durch die Haltung mit gebeugtem Rücken, in die mich meine auf dem Rücken gefesselten Hände zwingen, entgegenstrecken.

Schließlich hast Du genug gehört und hältst mir mit einer Hand den Mund zu. Du beugst Dich zu meinen Brüsten herunter und leckst über die Brustwarzen. Ich winde mich weiter, dennoch gelingt es Dir, einen meiner Nippel einzusaugen, der sich daraufhin steif aufrichtet. Aber aufgrund des heftigen Gezappels hast Du Schwierigkeiten, die Klammer zu platzieren. Du hebst Deinen Kopf und schaust mir direkt in die aufgerissenen Augen. Du nimmst Deine Hand von meinem Mund und umfasst meinen Hals. Du befiehlst mir mit drohendem Unterton, still zu halten und still zu sein, die Klammern werden so oder so platziert, an mir würde es liegen, wie lange sie an Ort und Stelle bleiben ... oder ob noch weitere zum Einsatz kommen.

Vor Panik treten mir Tränen in die Augen. Du legst die Klammern weg und umfasst mit beiden Händen mein Gesicht. Du erinnerst mich daran, dass ich BDSM ausprobieren wollte, dass ich mich in Deine Hände begeben habe und es jederzeit beenden kann. Mit Deiner Handfläche schließt Du meine Augen, küsst meine Stirn und nimmst die Klammern wieder in die Hand. Du reizt eine Brustwarze mit der Zunge, saugst an ihr, bis sie sich aufrichtet und bringst dann die Klammer an. Ich bäume mich auf und Du drückst mich mit einer Hand wieder zurück. Dann wandert die Hand tiefer, zwischen meine gespreizten Beine. Während Du meine Klitoris reibst, saugst und leckst Du an meiner anderen Brustwarze, dann bringst Du auch dort eine Klammer an. Ich stöhne, vor Schmerz und vor Lust. Eine Hand auf meinem Bauch hält mich still, während Du mich zu fingern beginnst. Zwei Finger stoßen in mich und Dein Daumen reizt meine Klit. Als ich mich Deinen Fingern entgegendränge, setzt Du noch weitere Finger ein. Schließlich rutschst Du tiefer und leckst mich.

Mein Zeitgefühl verschwindet, alles verschwimmt, bis ich heftig an Deinem Mund komme. Ich versuche, meine Beine zu schließen, um meine jetzt hyperempfindlich gewordene Klitoris Deinem Zugriff zu entziehen, aber Du lässt dies nicht zu, Du leckst, saugst, beißt und hältst dabei meine Beine weiter gespreizt. Schließlich lässt Du von mir ab. Während Du mir in die Augen schaust, entfernst Du vorsichtig die Klammern, was einen schrecklichen Schmerz zur Folge hat und massierst sanft meine Brüste. Während Du mich intensiv küsst, dringst Du wieder in mich ein und fickst mich. Der Schmerz in meiner Brust lässt nach. Dann drehst Du mich um und vögelst mich von hinten.

Nach einer Weile wirst Du langsamer, ziehst Deinen Schwanz ganz aus mir heraus und steckst ihn wieder rein. Zwischendurch fährst Du mit dem Schwanz über meine Pussy und über meinen Po. Je stärker Du Dich gegen meinen Po drängst, desto mehr verspanne ich mich. Du schlägst mir auf den Hintern und fragst mich, ob Du mich nochmal bestrafen musst?

Ich schüttele stumm meinen Kopf. Während Du mich weitervögelst, massierst Du mit beiden Händen meine Pobacken und dringst schließlich mit einem Finger in mein Poloch ein. Ich entspanne mich, atme heftiger und stöhne schließlich vor Lust. Ich spüre, wie Du etwas Kaltes in meiner Poritze verreibst.

Mit Hilfe der Gleitcreme dringst Du mit zwei Fingern in mich ein. Doch sobald Du Deinen Schwanz einsetzen willst, versteife ich mich und kneife meine Pobacken zusammen. Du ziehst Dich zurück und drehst mich auf den Rücken. Du zeigst mir die Klammern und sagst mir, dass Du mich so oder so in den Arsch ficken wirst, aber wenn ich brav bin, dann wist Du mich vorher nicht bestrafen. Du ergreifst meine Beine und hältst sie gespreizt, dann setzt Du Deinen Schwanz an meinem Poloch an und dringst langsam und unerbittlich in mich ein. Ich schließe meine Augen und mein Kopf fällt nach hinten, aber Du verlangst, dass ich Dich weiter anschaue. Als ich nicht reagiere, legst Du meine Beine auf Deine Schultern und fasst mit einer Hand in meinen Nacken, um meinen Kopf hochzuziehen. Mit Deiner anderen Hand gibst Du mir eine Ohrfeige. Nicht so stark, wie Du könntest, aber auch nicht zärtlich.

Als ich meine Augen aufreiße, reibst Du mich zwischen den Beinen. Dann dringst Du immer tiefer in mich ein, fickst mich langsam und gründlich in den Po, dabei fixierst Du mich mit Deinem Blick und ohrfeigst mich jedes Mal, wenn ich meine Augen abwenden will. Nach und nach beginne ich unter Deiner Hand zu pulsieren und stöhne schließlich vor Lust.

Mit einem süffisanten Lächeln fragst Du mich, ob ich es mag, von Dir in den Arsch gefickt zu werden. Als ich nicht antworte, hörst Du auf, mich zwischen den Beinen zu reiben, stattdessen kneifst Du in eine meiner harten Brustwarzen, die noch von den Klammern gerötet sind und schmerzen. Ich keuche bei diesem neuen Schmerz auf und Du fragst noch einmal.

Als ich Deine Frage bejahe, kehrt Deine Hand zwischen meine Beine zurück.

Du fragst: »Ja, was?«, und verlangst, dass ich es in einem ganzen Satz sage.

Als ich zur Antwort wieder nur stöhne, wiederholt sich das Spiel mit meiner anderen Brustwarze. Solange, bis ich schließlich den verlangten Satz verständlich und zu Deiner Zufriedenheit über die Lippen bringe: »Ja, ich mag es, von dir in den Asch gefickt zu werden.«

Deine Hand kehrt zwischen meine Beine zurück. Du stößt mich jetzt heftiger und auch Deine Finger beschleunigen sich. Ich bin kurz vorm Kommen. Daran ändert sich auch nichts, als Du weiter meine Brust knetest und meine Brustwarzen kneifst. Lust und Schmerz verschwimmen zum zweiten Mal und ich komme erneut, diesmal mit Deinem Schwanz tief in meinem Po.

Du drehst mich herum, löst die Fesseln und befiehlst mir, mich gut aufzustützen. Dann dringst Du wieder anal in mich ein und diesmal fickst Du mich richtig schnell und hart, bis Du kommst ...

5. Probebenutzung

Die elegante Erscheinung vor mir schüchtert mich etwas ein. Groß, mit einer aufregenden Fülle schwarzen Haars und leicht schrägen blauen Augen, steht sie vor mir und sorgt dafür, dass ich mir auf meinem Stuhl klein und unbedeutend vorkomme. Ihr Mann steht hinter mir. Ohne den Kopf zu wenden, kann ich ihn nicht sehen. Mein Blick wird von der Frau vor mir, die mich mit schiefgelegtem Kopf kritisch mustert, festgehalten. Kaum unterbricht sie den Blickkontakt, beiße ich mir auf die Lippe. Ich bin nervös. Kein Wunder.

Die Andeutung eines Lächelns erscheint auf ihren vollen Lippen. Grübchen, die ich mir immer gewünscht habe, hat sie zu allem Überfluss auch noch. Sie wird wohl ihrem Mann hinter mir zulächeln. Ich höre, wie er einen Schritt auf mich zutritt und spüre seine Hand schwer in meinem Nacken. Die warme Hand wandert nach vorn, über meinen Hals und zu meinem Dekolleté. Ohne zu zögern, gleitet sie unter meine Bluse und in meinen BH, um dort eine meiner Brüste zu umschließen.

Seine Stimme ist nah an meinem Ohr. »Klein und fest«, sagt er.

Ich hoffe, dass das gut ist.

Während er meine Brust knetet, knöpft sie meine Bluse auf und zieht die BH-Körbchen nach unten. Ihr Lächeln vertieft sich und sie nickt einmal kurz. Sie packt sich die andere Brust, knetet sie kurz und zieht dann den Nippel lang. Sie zwirbelt ihn, kneift mit ihren langen Fingernägeln hinein, bis ich einen kleinen Laut nicht mehr unterdrücken kann. Sie lässt den Nippel los, greift in mein Haar und zieht meinen Kopf nach hinten.

»Empfindlich ...« Das Wort kommt als halbe Frage heraus, während ihre blauen Augen schon wieder meine braunen bezwingen.

Ich schüttele andeutungsweise meinen Kopf. Zu sprechen ist mir nicht erlaubt. Ihre Augen glänzen, sie genießt die Situation und ihre Macht.

»Testen wir sie«, schlägt er vor.

Sie blickt hoch und sie küssen sich, ohne dass sich ihr Griff in meinem Haar und seine rhythmischen Bewegungen an meiner Brust verändern. Mein Atem beschleunigt sich. Als die beiden ihren Kuss beenden, zieht er seine Hand zurück und ich höre, wie seine Schritte sich entfernen.

Sie schält mich aus meiner Bluse und meinem BH und führt meine Hände hinter der Stuhllehne zusammen. Als sie meinen Rock herunterzieht, höre ich ihn zurückkommen. Etwas Ähnliches wie ein Servierwagen schiebt sich seitlich in mein Blickfeld. Ich kann ihn, ohne meine Kopfhaltung zu verändern, nur aus dem Augenwinkel erkennen. Es scheint, dass vor allem Dildos auf ihm liegen, aber ich kann auch einen GagBall und Nippelklemmen erkennen. Ein Ziehen breitet sich in meinem Unterleib aus. Es entspricht unserer Absprache, dass die beiden mich zur Probe benutzen dürfen und ich hatte gehofft, dass es dazu kommt. Die Konstellation ist neu für mich und macht mich sehr an.

Er ist wieder hinter mich getreten und bindet meine Handgelenke mit einem Seil zusammen. Er windet das Seil immer höher und höher, sodass auch meine Unterarme bis zu den Ellbogen eng aneinandergebunden sind. Seine Frau hat mich mittlerweile von meinem engen Rock befreit. Sie legt ihren Daumen über dem blauen Spitzenhöschen auf meine Perle und lässt ihn dort kreisen. Mir entfährt ein leises Keuchen.

»Sie ist schon ganz feucht, die kleine Schlampe.«

»Ja?«, fragt er so nah hinter mir, dass ich seinen Atem an meinem Ohr spüren kann.

Seine Hand fährt über meine Seite und unter mein Höschen.

Nun sind es seine Finger, die in meinem Schoß kreisen. Sie zieht mir das Höschen aus, wirft es zur Seite, umfasst meine Knie und spreizt mit einem Ruck meine Beine. Sie zieht meine Knöchel nach hinten und bindet einen nach dem anderen an die hinteren Stuhlbeine. Nun kann ich meine Beine nicht mehr schließen. Nackt, gefesselt und weit gespreizt sitze ich vor den beiden.

»Hast du sie noch feuchter gemacht?«, fragt sie mit einem Blick auf meine Spalte und ihre Finger gesellen sich zu seinen.

»Oh ja ... Da können wir ja froh sein, dass wir sie auf einen Plastikstuhl gesetzt haben, die Fotze tropft ja schon. Dann ist es Zeit, mit den Tests zu beginnen, oder?«, fragt er.

»Unbedingt«, antwortet sie und zwei ihrer Finger gleiten dabei in meine Spalte.

Dann ziehen sich beide zurück. Sie steckt mir ihre Finger zum Ablecken in den Mund und verschmiert meinen Saft auf meinen Lippen und Wangen.

»Willst du sie auch kosten?«, fragt er.

Sie saugt an seinen Fingern. Dabei kommt er zu ihr nach vorn, zieht sie in die Arme und die beiden küssen sich wieder. Seine Hand wandert unter ihren Rock. Während er sie fingert, öffnen sich seine Augen und fixieren mich.

Als die beiden sich voneinander lösen, atmet sie schwer und ich kann eine deutliche Ausbuchtung in seiner Hose sehen.

»So«, sagt er und dreht sich, immer noch einen Arm um ihre Hüfte gelegt, mit ihr zu mir um. »Wir nehmen nur Schlampen von hoher Qualität, also werden wir testen, was du an Schmerzen erträgst, und deinen Gehorsam.«

»Und natürlich die Dehnbarkeit deiner Löcher«, ergänzt sie mit funkelnden blauen Augen und leckt sich die Lippen.

Er zieht einen der Sessel etwas näher und bittet sie mit einer Geste, Platz zu nehmen. Er zieht auch den kleinen Tisch heran, auf dem noch der Eiskübel mit der Flasche Champagner steht, den wir zum Warmwerden getrunken haben.

Nachdem er ihr Glas, ganz Gentlemen, nachgefüllt hat, gibt er ihr einen Kuss auf die Stirn, dann wendet er sich mir zu.

»Sooooo«, sagt er gedehnt.

Sie kuschelt sich in den Sessel und beobachtet uns mit glänzenden Augen und einem leichten Lächeln auf den Lippen. Er geht einmal um mich herum und streicht dabei ganz leicht mit seinen Fingerspitzen von Schlüsselbein zu Schlüsselbein und von Schulterblatt zu Schulterblatt, was mir eine ziemliche Gänsehaut verursacht. Hinter mir bleibt er stehen, zieht mit einer Hand in meinem Haar meinen Kopf nach hinten und mustert mich von oben. Er öffnet seine Lippen etwas und lässt einen Speichelfaden aus ihnen laufen. Reflexartig will ich zur Seite ausweichen, aber er zwingt mich in der Position zu bleiben, bis der länger werdende Faden reißt und in meinem Gesicht landet. Während mir sein Speichel über die Wange läuft, lässt er mein Haar los und greift stattdessen an meine Titten, die er kräftig knetet. Er überschreitet dabei die Grenze zum Schmerzhaften, packt immer fester zu. Das zarte Fleisch quillt aus seinen Fäusten.

»Hast du Erfahrung mit Wachs?«, fragt er.

Ich weiß nicht, ob ich nicken oder den Kopf schütteln soll. Ich hatte erst eine Erfahrung mit Wachs und die war nur sehr kurz. Die Pause wird immer länger. Mit einem einzigen Schritt steht er vor mir. Ich bekomme rechts und links eine Backpfeife, bevor ich weiß, wie mir geschieht.

»Antworte gefälligst!«, bellt er.

Sie richtet sich in ihrem Sessel auf und überschlägt die Beine.

»Hast du Erfahrung mit Wachs?«, wiederholt er die Frage.

Ich nicke sofort, wenn auch verhalten.

»Wenig?«

Ich nicke.

»Und mochtest du es?«

Ich schüttele den Kopf und er grinst.

Im Hintergrund zündet sie eine Kerze an. Woher kommt die denn auf einmal? Er kniet sich zwischen meine geöffneten Beine und legt seine Hände auf meine Oberschenkel. Mit den Fingerspitzen zieht er eine feste Spur bis zu meinen Knien. Dann zieht er eine weitere über meine Brüste und meinen Bauch. Ich krümme mich unter seinen Fingernägeln, schaffe es aber, jeden Laut zu unterdrücken. Er dreht sich zu ihr um und angelt sich einen Eiswürfel aus dem Kühler.

»Erst kalt«, sagt er zu ihr und dreht sich zu mir um, »dann heiß.« Seine Augen funkeln.

Er berührt mit dem Eiswürfel meinen Bauch. Meine Muskeln zucken reflexartig. Mit dem Eis malt er Muster auf meinen Bauch und arbeitet sich in Kreisen nach oben. Er umkreist meine Brüste. Dann reizt er die Brustwarzen, die ohnehin schon steil aufgerichtet sind. Erst tut die Kühle sogar gut auf meinen gereizten Nippeln, aber dann wird es unangenehm, und schließlich schmerzhaft. Immer länger bleibt er mit dem Eiswürfel auf einem der Nippel. Erst, als ich es kaum noch aushalte, nimmt er sich wieder den anderen vor. Als das Eis fast völlig geschmolzen ist, gleitet er immer tiefer nach unten über meine Perle und steckt mir den Rest dann in meine Spalte. Er nimmt die Kerze vom Tisch und hält sie vor meinen Oberkörper. Er kommt mit der flackernden Flamme immer näher an meine Brüste. Ich spüre die Wärme, und als die Flamme meine Haut beinahe berührt, eine intensive Hitze. Er hält die Kerze etwas höher, dreht sie leicht und die ersten Tropfen heißes Wachs treffen auf meine Haut. Sie hinterlassen eine heiße feurige Spur bis zu meinem rechten Nippel. Als er dieselbe Prozedur an der anderen Brust wiederholt und zum

Abschluss den Rest des Wachses auf den Nippel gießt, entfährt mir ein leiser Laut des Schmerzes. Meine Brüste brennen und meine Muschi ist eiskalt. Er stellt die Kerze zur Seite.

»Also doch empfindlich, die kleine Schlampe«, kommentiert seine Frau aus ihrer Beobachterposition und nippt an ihrem Champagner.

Sie steht auf und kommt mit dem Glas zu uns herüber. Mit langen Fingernägeln kratzt sie das Wachs von meinen Nippeln. Sie fasst unter mein Kinn, zieht meinen Kopf nach hinten.

»Mund auf«, kommandiert sie.

Sie nimmt einen weiteren Schluck und lässt den Champagner aus ihrem Mund in meinen laufen. Sie nähert ihre Lippen immer mehr meinen, bis sie schließlich aufeinanderliegen. Ich gehe in unserem ersten Kuss völlig auf, bis mich plötzlich ein scharfer Schmerz in meinem linken Nippel durchfährt. Reflexartig will ich hochfahren und nachschauen. Aber sie reißt mich mit einer Hand in meinem Haar wieder hinunter, bevor ich etwas erkennen kann, und schiebt mir erneut ihre Zunge in den Mund.

Ihr Mann zwirbelt nun meinen rechten Nippel, zieht ihn lang, bis er abrutscht, und beginnt von vorn. Ich kann mich nicht mehr auf den Kuss konzentrieren, erwidere ihn eher unwillig und warte die ganze Zeit auf einen erneuten Schmerz, der auch kommt. Nun brennen beide Nippel wie Feuer. Ihr scheint die ganze Situation Spaß zu machen, sie stöhnt tief in der Kehle und beißt sacht in meine Lippe, bevor sie sich zurückzieht und mich loslässt, sodass ich endlich sehe, was da so schmerzt.

Er hat mir eine Nippelklemme angelegt, die beide Nippel zusammenquetscht. Als er sieht, dass sich meine Augen weiten, zieht er spielerisch an der Kette, sodass mich ein neuer Schmerz durchfährt.

»Maul auf«, sagt er.

Ich gehorche sofort.

»Weiter öffnen, Schlampe.« Er zieht die Kette hoch und hält sie zwischen meine Zähne. »Zubeißen und schön festhalten.«

Die Kette ist nun so straff, dass sie meine Nippel leicht nach oben zieht. Mir fließt eine Träne aus einem Augenwinkel. Das werde ich nicht lange aushalten. Plötzlich hat er einen »Magic-Wand«-Massagestab in der Hand. Diese riesigen Dinger sehe ich sonst immer nur in den »Sex & Submission«-Pornos, die ich mir regelmäßig anschaue. Meine Augen weiten sich und ich versuche, in die Rücklehne des Stuhls zu kriechen. Er zieht ein Kondom über den Kopf des Massagestabs und verteilt etwas Gleitcreme darauf. Dann wendet er sich mir mit einem sardonischen Grinsen zu.

»Gehorsamkeits-Test«, kündigt er an. »Dein Job: nicht kommen, bevor wir es dir erlauben.«

Einerseits denke ich, dass das einfach sein sollte, solange meine Nippel so schmerzen, andererseits hört sich das nach einer Falle an. Ein leises Brummen ertönt, als der »Magic-Wand« eingeschaltet wird. Mit zusammengebissenen Zähnen sehe ich zu, wie sich der rotierende Kopf langsam meiner Perle nähert und dann fest auf sie gepresst wird. Ein Stöhnen entfährt mir. Ich versuche, meine Schenkel zusammenzupressen, aber das geht natürlich nicht, meine Knöchel sind ja an dem Stuhl festgebunden. Die Vibration ist kaum auszuhalten und dennoch baut sich, ob ich will oder nicht, eine Woge von Lust in mir auf.

Eine Weile schaut mein Peiniger meinem stummen Kampf zu, dann lacht er leise und fast zärtlich, betätigt den Schalter und das Brummen wird intensiver. Der Schmerz in meinen Nippeln tritt in den Hintergrund, ich würde dem rotierenden Kopf immer noch gern ausweichen und dennoch schickt er unaufhaltsame Wellen der Lust durch meinen Körper. Ich stöhne und fühle, wie der Orgasmus sich aufbaut. Aber mein Herr hat Nein gesagt, ich darf nicht kommen. Zaghaft ziehe ich an der Kette, füge mir selbst Schmerzen zu und die Lust flaut ab.

Ich blinzle zu der schönen Frau auf dem Sessel, die mich beobachtet und meine, sie mir aufmunternd zunicken zu sehen. Ihr Mann schaltet in die nächste Stufe und ich werde erneut von einer Woge übermannt. Obwohl ich heftiger an der Kette ziehe, indem ich den Kopf in den Nacken lege, fühle ich, dass ich diesen Kampf verlieren werde. Die Kette rutscht von einem meiner Nippel, denn ich bin mittlerweile von einem leichten Schweißfilm überzogen. Noch eine Stufe höher. Es dauert nur noch eine kurze Weile und ich komme unter lautem Stöhnen. Beschämt lasse ich den Kopf sinken und starre in meinen eigenen verräterischen Schoß. Der »Magic-Wand« wird auf den kleinen Tisch gelegt und überraschenderweise fühle ich die warme Hand meines Herrn auf meinem Kopf, die mein Haar streichelt.

»Das hast du gut gemacht. Gar nicht schlecht für den Anfang.«

Erleichtert atme ich auf.

Sie binden mich los und führen mich zu ihrem Schafzimmer. Neben dem Bett steht ein Bock. Ich bekomme große Augen. Ich muss mich darüberbeugen und sie bindet meine Arme auf meinem Rücken fest, während er den Serviertisch aus dem anderen Zimmer hereinrollt.

»Sie gehört dir«, sagte er, setzt sich gemütlich auf das Bett und macht sich augenscheinlich zum Zusehen bereit.

Mein Bauch liegt auf dem Bock, mein Oberkörper hängt auf der anderen Seite herunter. Wenn ich den Kopf hebe, kann ich das Bett und meinen Herrn sehen. Er sieht mir in die Augen und zwinkert. Seine Frau sehe ich nicht, sie steht hinter mir. Ich drehe den Kopf so weit ich kann und werfe einen Blick auf den Wagen, der neben ihr steht. Tatsächlich liegen darauf eine Menge Dildos, säuberlich nebeneinander und nach Größe geordnet. Sie legt eine Hand auf meinen unteren Rücken und gleitet tiefer. Drückt eine meiner Hinterbacken, fährt mit dem Finger zwischen ihnen hinab und zwischen meine Schamlippen. Ihre andere Hand kommt in mein Blickfeld und schwebt zögernd über der Auswahl.

»Schauen wir mal, wie dehnbar du bist«, murmelt sie und greift zu einem mittelgroßen, rosafarbenen Exemplar.

Mein Unterleib zieht sich zusammen, halb aus Vorfreude, halb vor Angst.

Ihre Finger spreizen meine Lippen. Sie stößt den Dildo dazwischen und versenkt ihn in mir, ohne groß auf mein Keuchen und Aufbäumen zu achten. Weit komme ich ohnehin nicht, ich bin ja fixiert. Ich verkrampfe mich kurz, werde aber sofort vernünftig und kooperiere. Sie fickt mich kurz mit dem Dildo, dann zieht sie ihn wieder heraus.

»... jetzt eine Herausforderung«, murmelt sie.

Ich kann nicht sehen, was sie als Nächstes nimmt. Als ich ihren Mann auf dem Bett leise stöhnen höre, hebe ich den Kopf. Sein Augen hängen fasziniert an ihr. Er massiert sich mit einer Hand den Schwanz in seiner Hose, der schon ziemlich steif ist.

Seine Frau drückt den nächsten Dildo an meine Spalte und schiebt. Die Spitze rutscht in mich, aber dann ist Schluss. Er geht nicht so einfach rein wie der Letzte. Sie presst fester, zieht die Spitze zurück und schiebt sie wieder vor. Ich tue mein Bestes, mich zu entspannen und den Dildo in mich aufzunehmen. Stück für Stück rutscht er tiefer. Ich kann ein kleines Stöhnen nicht unterdrücken. Ich kann selbst nicht ganz einordnen, ob vor Schmerz oder vor Lust. Beides verbindet sich zu einem ganz eigenen Gefühl. Ich spüre eine Hand in meinem Haar, die meinen Kopf hochzieht und höre wieder das Kommando: »Maul auf!«

Ich gehorche natürlich. Er steht vor mir und hat seinen Schwanz aus der Hose befreit. Die Spitze schimmert feucht und sobald ich meinen Mund öffne, schiebt er ihn mir rein und fängt an, meinen Mund zu ficken. So haben die beiden mich in ihre Mitte genommen. Er fickt vorn meinen Mund, sie hat mir mittlerweile ein gutes Stück des Riesendildos in die Fotze geschoben und besorgt es mir damit. Bei jedem Stoß schiebt sie ihn etwas tiefer. Als er zu ihrer Zufriedenheit versenkt ist, klatscht sie mir auf den Hintern und sagt befriedigt »Geht doch!« zu ihrem Mann.

Ohne damit innezuhalten, seinen Schwanz in meinen Mund zu schieben und wieder herauszuziehen, antwortet er: »Und jetzt ihr Arsch.«

Unwillkürlich versuche ich, mich aufzubäumen. Die beiden wissen genau, dass das eine »Grenze« ist. Eine, die ertastet und eventuell verschoben werden soll, aber eben doch noch ziemliches Neuland für mich. Ich hatte gehofft, dass sie vielleicht beim ersten Treffen noch nicht daran rühren würden. Andererseits war mir natürlich auch klar, dass die beiden mich nach ihren eigenen Regeln benutzen würden. Das macht ja eben den Reiz aus.

Jetzt ist es ohnehin zu spät. Ich bin den beiden ausgeliefert. Genau dieser Gedanke macht mich an. Auch, dass er meinen Kopf wieder auf seinen Schwanz runterdrückt und mich dabei leise rügt, ich solle gefälligst stillliegen und weiterlutschen. Ich höre das charakteristische Schnappen eines Gummihandschuhs. Dann spüre ich, wie sie meine Pobacken spreizt und etwas Kaltes auf meinen Anus tropft. Sie verreibt es und bohrt einen Finger in mich. Dann zwei.

Dabei vögelt er weiter meinen Mund und keucht: »Beeil dich, mach ihren Arsch für mich bereit!«

Sie lacht leise und liebevoll, sagt: »Ungeduldig wie immer.«

Sie zieht ihre Finger aus mir und nimmt etwas vom Rollwagen. Ich spüre, wie sie es an mein Loch presst, es mich kurz dehnt und dann hineinrutscht.

Sie schiebt weiter und sagt dabei: »Erst eine Kugel, dann zwei, dann drei … Bald bist du bereit für seinen Schwanz an deiner Hintertür.«

Sie beugt sich nach vorn über mich, bis ihr Kopf auf meiner Höhe ist, ihre Lippen fast mein Ohr berühren und flüstert: »Ich kann es kaum erwarten, die Plätze zu tauschen und zu sehen, wie mein Mann dich in den Arsch fickt … Du bist so eng. Das wird richtig geil für ihn.«

Sie vögelt mich ein bisschen mit der Analkette, dann zieht sie sie heraus, kommt nach vorn und umschlingt ihren Mann von hinten. Mit einer Hand massiert sie seine Eier, während sein Schwanz immer noch tief in meinem Hals steckt.

»Ihr kleines Loch ist so bereit, wie es sein kann. Geschmiert, gedehnt, aber immer noch eng. Du wirst dich beherrschen müssen.«

Er stöhnt tief in der Kehle und zieht seinen Schwanz aus meinem Mund. Ich schnappe nach Luft und schlucke erst einmal krampfhaft. Sein Ding ist nicht gerade klein.

Die beiden küssen sich wieder leidenschaftlich. Ich hatte erwartet, dass sie einfach tauschen, aber sie geht mit ihm nach hinten und spreizt wieder meine Backen. Sie will wohl zuschauen, wie er ihn in mich steckt. Ich höre, wie eine Kondompackung geöffnet wird. Ich nehme zwar die Pille, aber natürlich haben wir uns im Vorfeld über Safer Sex unterhalten, was für beide Seiten klar war.

Ich hoffe, dass sie den großen Dildo, der immer noch meine Fotze spaltet, herauszieht, bevor er seinen Schwanz in meinen Arsch schiebt. Aber da habe ich mich getäuscht. Ich muss die doppelte Füllung aushalten. Immerhin geht er behutsam vor, schiebt sich ein bisschen rein und gibt mir dann die Zeit, mich zu entspannen und darauf einzustellen. Bald entkrampfe ich mich zu meiner eigenen Überraschung und es geht glatter. Je länger er mich vögelt, desto geiler werde ich. Die ganze Situation, das Ausgeliefertsein, die doppelte Füllung, die einerseits schmerzt und andererseits doch so geil ist. Auch die Vorstellung, dass seine Frau genau sieht, was da passiert und es auch sie geil macht …

Ein Stöhnen entringt sich mir.

»Schon wieder so ungehorsam!«, höre ich ihre Stimme.

Sie kommt mit langsamen betonten Schritten nach vorn. Ihre hohen Absätze trommeln eine für mich bestimmte laszive Melodie auf das Parkett.

»Sieh mich an, Schlampe«, kommandiert sie.

Ich hebe mühsam den Kopf und verdrehe die Augen nach oben. Zur Belohnung erhalte ich eine nicht ganz sanfte Backpfeife.

»Wir müssen dir wohl das Maul stopfen«, schnurrt sie, »beziehungsweise deiner Zunge eine bessere Beschäftigung geben.«

Sie hebt ihren Rock an. Darunter trägt sie keine Unterwäsche. Sie schiebt mir ihren Unterleib entgegen. Ich kann sie riechen, eine leichte Note, wie nach Wachholder und Seife.

»Los, lecken!«, kommt das Kommando.

Natürlich gehorche ich meiner Herrin sofort. Wieder haben sie mich in die Mitte genommen und ich bin glücklich darüber. Nichts wünsche ich mir in diesem Moment so, wie die Prüfung zu bestehen und ihnen dienen zu dürfen. Seine Bewegungen werden schneller und er stöhnt. Dann höre ich, wie die beiden sich über meinem Rücken küssen. Auch das macht mich glücklich und ich züngele schneller, in dem Bestreben, dass sie vielleicht zusammen kommen.

Aber plötzlich zieht er seinen Schwanz heraus und kommt nach vorn. Ich sehe aus dem Augenwinkel, wie er das Kondom abstreift. Er stellt sich hinter seine Frau und schiebt seinen

Schwanz zwischen ihren Beinen durch, sodass er in meinen Mund gleitet. Ein paar Stöße in meinem Mund, dann zieht er sich zurück. Während ich seine Frau weiter lecke, schiebt er ihr seinen Schwanz in die Muschi und fickt sie. Es dauert nicht lange, dann beginnt die bislang so beherrschte Frau zu stöhnen und kommt an meinem Mund. Ich spüre, wie sie zuckt und freue mich, dass ich es geschafft habe.

Er zieht seinen Schwanz aus ihr heraus, richtet ihn auf mein Gesicht. Sie umfasst mein Kinn und fixiert mich. Mit der anderen manikürten Hand packt sie seinen Schwanz. Ein paar Bewegungen auf und ab, dann spritzt sein Sperma und fließt warm über meine Wangen. Er legt seinen Kopf kurz in ihre Halsbeuge, dann geht er zum Bett und setzt sich. Sie geht hinter mich, zieht den Dildo heraus und legt ihn auf den Rolltisch. Dann bindet sie mich los.

»Nimm deine Klamotten und geh. Auf dem Tisch in der Küche liegt der Schlüssel zur Hintertür. Wir erwarten dich jeden Freitag Punkt sieben Uhr abends. Du kommst rein, ziehst dich aus und wartest nackt, bis wir dich holen.«

Während sie gesprochen hat, habe ich mich aufgerichtet und massiere mir die schmerzenden Arme.

»Das Sperma bleibt auf deinem Gesicht, bis du zu Hause bist!«, befiehlt sie.

Ich nicke.

Ein Lächeln zieht über ihr Gesicht und mir wird ganz warm im Bauch, als sie sagt: »Du hast es gut gemacht heute.«

Dann küsst sie mich auf die Stirn, dreht mich zur Schlafzimmertür und gibt mir einen kleinen Schubs. Benommen stolpere ich hinaus, ziehe mich rasch an und verlasse das Haus.

Das Sperma trocknet auf meinen Wangen, während ich mit meinem Auto nach Hause fahre. Ich kann einfach nicht aufhören zu grinsen, so glücklich bin ich.

6. DURCHGEVÖGELT

Das ist meine Beichte: Ich, Thomas H., beichte, dass ich meine Freundin, die kleine untreue Schlampe, bestraft habe.

***

Ich hatte gerade herausgefunden, dass sie mich betrügt – vermutlich nicht zum ersten Mal. Anstatt nach Hause zu gehen, ging ich zu einem Kumpel. Wenn sie mir unter die Augen gekommen wäre, hätte ich mich womöglich vergessen. Mein Kumpel und ich kippten ein paar Bier und redeten über die miese Nutte und mit wie vielen sie es wohl in den neun Monaten, die wir jetzt zusammen waren, schon getrieben hatte. Ich wurde immer wütender. Ihm hatte sie wohl auch schon mal schöne Augen gemacht. Er hatte nur nichts gesagt, weil er dachte, das käme nicht so gut.

Irgendwann meinte ich: »Eine Tracht Prügel wäre eigentlich noch viel zu gut für sie!«

Da hatte er eine Idee. Er zeigte mir diese Internetseite von einem Club in unserer Stadt. Ratzfatz stand der ganze Plan. Ich musste nur noch bis zum Samstag gute Miene zum bösen Spiel machen, dann konnte ich abrechnen.

***

Am Samstag tat ich ganz geheimnisvoll, sagte nur, dass wir ausgehen würden, in einen besonderen Club, und dass sie sich schick machen sollte. Normalerweise bremse ich sie ja, wenn sie sich aufbrezelt, weil sie sich am liebsten in so absolute Schlampenoutfits wirft. Aber diesmal ermutigte ich sie sogar noch. Sie sollte ja schön nuttig aussehen.

Mit dem Taxi fuhren wir dann zum Club.

Sie war richtig aufgeregt, strahlte mich an ... Keine Ahnung, ob sie womöglich dachte, ich schmeiß 'ne Überraschungsparty oder mach ihr 'nen Antrag. Hätte ja fast gelacht.

Dann waren wir beim Club. Ich klingelte und sagte, wer ich war und dass ich und meine Freundin auf der Gästeliste stünden. Wir wurden hereingeführt, durch einen langen, ziemlich dunklen Gang. Man hörte schon die Bässe wummern. Der Laden war eher klein. Wir standen vor einer Tanzfläche, wo aktuell noch niemand tanzte. Die Bar gegenüber nahm eine ganze Seite des Raumes ein. Mehrere Türen gingen vom Hauptraum ab, die teilweise von den Räumen dahinter in bunte, flackernde Lichter getaucht waren. Das DJ-Pult stand rechts von uns auf einer kleinen Empore, davor eine Bühne, auf der sich eine Stange befand, an der aber grade niemand tanzte. Kein Wunder, es waren ohnehin nur Männer anwesend.

Mal sehen, wann sie etwas merkt, dachte ich, und steuerte die Bar an.

Wir setzen uns auf die Barhocker und ich orderte erstmal eine Runde Cocktails. Caipirinha für sie, den mag sie am liebsten.

»Uuu ... ziemlich stark«, kicherte sie.

»Ach, trink und mach kein Theater«, sagte ich.

Sobald sie fertig war, orderte ich ihr den nächsten Drink.

»Wollen wir uns nicht mal ein bisschen umsehen?«, fragte sie.

»Klar.«

Mit unseren Drinks in der Hand schlenderten wir zur nächsten Tür, die in einen Außenbereich führte.

Hier standen ein paar Typen und rauchten. Da wollte sie natürlich auch gleich eine qualmen, obwohl ich das hasse. Sie erzählte mir irgendeinen Scheiß, zog dabei übertrieben schick an ihrer Zigarette, warf ihre blonden Haare zurück und lachte so schrill wie immer, wenn sie Aufmerksamkeit brauchte. Dabei sonnte sie sich in den bewundernden, ziemlich aufdringlichen Blicken der Typen um uns rum. Ab und zu warf sie mir mal einen Seitenblick zu, als wenn sie schauen wollte, wie ich es aufnahm. Ich war sonst nämlich eher eifersüchtig. Aber heute nicht.

Als sie fertig war und die Kippe ausgedrückt hatte, wollte sie mich küssen, aber ich drehte den Kopf weg. Sie weiß genau, ich hasse das, wenn sie mir direkt nach dem Rauchen mit ihrem Nikotinmund ins Gesicht geht. Bah!

Wir gingen wieder rein und sie steuerte auf die Tanzfläche zu, auf der mittlerweile ein paar Leute waren. Sie fing an, übertrieben sexy zu tanzen und bald hatte sie die Aufmerksamkeit der Männer auf der Tanzfläche und von noch ein paar anderen. Sie bildeten einen regelrechten Ring um sie und tanzten sie an. Sie hatte die meiste Zeit die Augen zu und lächelte verklärt, aber wenn es ihr zu »heiß« wurde, löste sie sich mit ein paar Schritten und kam wieder in meine Nähe, damit das Spiel von vorn losgehen konnte. Ab und an warf sie mir einen pseudogenervten Blick zu, als wäre es ihr gar nicht recht, so umlagert zu werden. Von wegen!

Dann kam ihr der Erste ein bisschen zu nahe. Von hinten tanzte er sie an und sie hatte wohl nicht aufgepasst. Vielleicht mit Absicht – sie hatte die ganze Zeit schon mit den Augen mit ihm geflirtet, das Stück. Jedenfalls fing er an, sich an ihr zu reiben. Sie machte einen Satz und rief irgendwas Empörtes.

Sofort kam sie zu mir. »Hast du das gesehen?«, echauffierte sie sich. »Das ist ja wohl 'ne Frechheit! Die Männer sind hier echt übertrieben aufdringlich.«

Ich zuckte nur mit den Schultern.

Sie tanzte neben mir weiter, aber bald machte sie wieder größere Schritte und entfernte sich zur Mitte der Tanzfläche. Sofort rückten ihre Fans wieder näher. Sie hatte die Augen halb geschlossen, so, als wäre sie in einer Trance und würde gar nicht richtig merken, was um sie herum vorging. Sexy sollte es wohl auch wirken.

Mir war's recht. Je schlimmer sie sich aufführte, desto weniger bestand die Gefahr, dass ich ein schlechtes Gewissen bekam.

Die Typen rückten näher an sie heran. Einer direkt vor ihr langte ihr an die Brust. Jetzt riss sie die Augen auf. Man sah richtig, dass sie es im ersten Moment gar nicht glauben konnte. Er schaffte es, ihre Titten ein paar Mal zu drücken, bevor sie seine Hand wegschlug und zu mir gestürmt kam.

Sie war knallrot vor Aufregung und konnte erstmal gar nicht sprechen. Sie schäumte richtig vor Wut.

Ich musste mir ein Lächeln verkneifen. Als sie dann wieder genug Luft bekam, kreischte sie regelrecht los. Erst sollte ich die Typen verprügeln und als ich mich weigerte, wollte sie unbedingt zum »Manager« von dem Laden – damit das ein richtiger Mann in die Hand nehmen konnte. Wir fragten also an der Bar und wurden schon nach kurzer Zeit von zwei Muskelprotzen in ein Büro begleitet.

Da machte sie dann eine richtige Szene. Der Typ sagte gar nichts, sondern schaute nur zu, wie sie ihr Theater abzog. Irgendwann fiel das dann sogar ihr auf.

»Ja, wollen Sie denn gar nichts dazu sagen?«, herrschte sie ihn an.

Er nickte dem einen Muskelprotz zu. »Schau mal nach, was sie in der Bluse hat. Lohnt sich das überhaupt?«

Ich glaub, sie verstand gar nicht, was er meinte.

Der Typ beugte sich zu ihr und packte ihr an die Titten. Sie wehrte sich erst gar nicht. Dann kreischte sie los, sprang auf und wollte seine Hand wegschlagen. Aber da stand sofort der andere hinter ihr und verdrehte ihr die Arme auf dem Rücken. Der erste Typ knöpfte ihre Bluse auf und holte ihre Titten aus dem winzigen BH und sagte: »Das muss man ihr lassen: Die sind echt klasse!«

Er rieb sie ein bisschen und die Nippel stellten sich auf, während sie noch protestierte.

»Das ist doch der beste Beweis, wie verhurt sie ist. Ja, passt, Boss«, meldete der Gorilla.

»Bring sie mal her.«

Sie schoben und zogen sie zu seinem Schreibtisch und er grabschte ihre Titten ab.

»Die sind ganz gut«, meinte er dann. »Bring sie nach hinten, dann können die Jungs sich bedienen.«

Kreischend und zappelnd wurde sie aus dem Büro gezogen.

Ich blieb, denn ich wusste ja, was passierte.

***

»Das ist ein besonderer Club«, hatte mein Kumpel mir an diesem Abend erklärt. »Ein Sexclub. Aber der besonderen Art. Die machen hier SM und so. Mit irgendwelchen Schlampen, die drauf stehen, hart angefasst zu werden. Da sind welche dabei, die stehen auf Schmerzen, Vergewaltigungen und solches Zeug. Oder darauf, ausgepeitscht zu werden. Außerdem spielen sie dort irgendwelche komischen Rollenspiele und manchmal eben auch was Härteres. Samstagnacht zum Beispiel. Da könntest du sie hinbringen. Da wird sie dann so richtig geil durchgefickt. Du kannst zugucken oder mitmachen. Auf jeden Fall kriegen wir ordentlich Kredit. Den können wir dann auf irgendwelche anderen Schlampen einlösen. Das sind zwei Fliegen mit einer Klappe. Sie kriegt ihre Strafe und du 'ne Belohnung. Kapiert?«

Hatte ich.

Bei der Besichtigung hatte der Besitzer uns alles gezeigt. In den hinteren Räumen gab es jede Menge Möglichkeiten, irgendwelche Weiber zu fixieren, sodass man gut an sie rankäme – also an die wichtigen Teile für Gangbangs zum Beispiel.

***

Das machten die jetzt mit ihr. Sie wurde nach hinten gebracht, während ich im Büro des Managers saß, und mir vorstellte, wie sie mit ihren heraushängenden Titten über die Tanzfläche gezerrt wurde und die Typen schon mal ihre Schwänze rausholten. In einem von den Nebenräumen würde sie über so ein Polsterding gebeugt und festgemacht, die Beine gespreizt und auch festgebunden. Dann würden sie ihr den Rock hochziehen, die Strumpfhose zerreißen und den Schlüpfer runterreißen. Hinter ihr bildete sich sicher schon 'ne Schlange von fickinteressierten Kerlen. Die hatte sie ja eben noch selbst aufgegeilt. Der erste schiebt ihr dann seinen Schwanz rein und ihr würde klar werden, dass das hier wirklich passierte.

»Willste was trinken?«, unterbrach der Manager meine Gedanken.

»Klar.« Ich blockierte sein Büro. Also stand ich auf und ging an die Bar neben der jetzt leeren Tanzfläche. Die Musik war aus und ich hörte leise, wie die Schlampe schrie und stöhnte, ihr Kreischen, die klatschenden Geräusche und das Johlen der Typen aus einem der Hinterzimmer. Mein Drink schmeckte mir ausnehmend gut. Ich genoss ihn, bevor ich aufstand, um mal rüberzuschlendern.

Es war viel geiler als ich dachte. Sie lag auf dem Rücken auf einem der Betten. Ihre Klamotten waren um ihre Mitte zusammengeschoben oder lagen auf dem Boden. Sie trug nur noch einen Schuh und beide Beine ragten gespreizt nach oben. Unter ihr war so ein Typ, der seinen Schwanz in ihrem Arsch hatte und vor ihr kniete einer, der sie in die Fotze fickte. Auf ihrem Hals saß einer, der ihr den Schwanz in den Mund geschoben hatte, was erklärte, warum ich sie momentan nicht schreien hörte. Immer, wenn sie den Kopf zur Seite drehte und den Schwanz ausspuckte, bekam sie eine Ohrfeige.

»Lutsch meine Schwanz!«, befahl er mit einem deutlichen Akzent. Irgendwas Osteuropäisches, Russe oder so.

»Schluck meine Schwanz!«

Nach einer Weile wehrte sie sich nicht mehr, sondern lutschte und schluckte brav, was sie bekam. Ihre ganze Schminke war zerlaufen und sie hatte so richtige Pandaaugen. Aus ihrer Nase lief Rotz. Kaum stieg der eine Typ ab, nachdem er ihr in den Mund gespritzt hatte, stieg der nächste Typ auf. Der legte sich schräg über ihr Gesicht und nutzte ihren Mund, um sie so richtig zu ficken. Ihr Kopf sprang auf der Matratze auf und ab. Auch unten hatte ein Wechsel stattgefunden. Denn ein anderer kniete zwischen ihren Beinen und fickte sie. Der Typ unter ihr, der sie festhielt, während sein Schwanz in ihrem Arsch war, war immer noch derselbe. Die Typen um sie herum holten sich teilweise einen runter. Ein paar filmten auch mit ihren Handys. Ich überlegte erst auch, ein Video zu machen, aber ließ es dann doch. Ich hatte auch keine Lust, sie zu ficken. Deswegen ging ich. Aber ich freute mich schon auf die nächste Schlampe, die hier lag. Da wäre ich dann auch mit von der Partie.

Die Jungs würden noch 'ne Weile weitermachen, wie es aussah, bis sie sie laufen ließen. Draußen würde sie auf ein Taxi treffen und der Fahrer ihr seine Hilfe anbieten. Der Typ war auch von uns. Er würde ihr sagen, dass er sie zur Polizei brächte und würde dann mit ihr zu einem Parkplatz fahren, wo seine Kumpels schon auf die Schlampe warteten. Dann nähmen sie sie noch eine Runde so richtig durch. Schlampen wie sie verdienten nichts anderes.

***

Meine Freundin ist niemals fremdgegangen. Allerdings habe ich sie beim Surfen auf einem einschlägigen Internetportal erwischt. Sie war dort angemeldet, weil sie in unserer Beziehung etwas vermisst hat und sich nicht traute, mir ihre Wünsche und Sehnsüchte zu gestehen. Erst war ich sauer. Dann habe ich mich ein bisschen schlau gemacht und ihr diese Geschichte erzählt, während ich ihr gehörig den Hintern versohlt habe. Ich glaube nicht, dass sie jetzt noch fremdgehen wird. Sie war schon lange nicht mehr so feucht. Niemals würde ich eine Frau wirklich in eine solche Situation bringen oder bei so etwas mitmachen! Es sei denn, ich wüsste sicher, dass sie sich das wirklich wünscht ...

7. WehrLos

Greta hatte die Berichte über Belästigungen in Tokios U-Bahnen natürlich gehört. Es kam täglich vor, dass Frauen in den überfüllten Pendlerzügen von sogenannten »Chikan« bedrängt und berührt wurden. So richtig Sorgen hatte sie sich deswegen nicht gemacht. Sie konnte sich nicht vorstellen, dass ihr so etwas passieren würde. Bis sie eines Morgens – wie üblich seit ihrer Versetzung ins Tokioter Büro der Versicherung, für die sie arbeitete – mit der Shinjuku-Line zur Arbeit fuhr.

Wie immer waren die Züge mehr als voll. In für europäische Verhältnisse qualvoller Enge, standen die Pendler dicht an dicht.

Greta war ihren Gedanken nachgegangen, als sie auf eine Berührung an der Seite ihrer Brust aufmerksam wurde. An sich nichts Ungewöhnliches, sondern eher unvermeidbar. Trotzdem kam ihr diese Berührung dennoch sehr zielgerichtet vor. Ein Auf- und Abstreifen einer Hand. Sie verlagerte ihren Schwerpunkt etwas, um so gut wie möglich von der Berührung abzurücken. Die Hand folgte der Bewegung und fuhr fort, ihre Brust zu streicheln, nun vielleicht sogar nachdrücklicher als vorher. Sie wollte ihren rechten Arm heben, um die unerwünschte Berührung zu beenden. Aber die Hand, in der sie die Aktentasche hielt, war hoffnungslos festgekeilt. Sie wandte den Kopf, um zu sehen, wer für die Berührung verantwortlich war. Aber in der Enge aus Köpfen, Schultern und zu den Haltegriffen ausgestreckten Armen konnte sie es nicht ausmachen. Alle Gesichter hatten den leeren Gesichtsausdruck, den morgendliche Pendler wohl auf der ganzen Welt gleichermaßen haben. Die Hand war dazu übergegangen, ihre gesamte Brust zu streicheln und zu drücken. Es bestand kein Zweifel mehr über die sexuelle Absicht der Handlung.

Sie löste ihren Griff um die Haltestange und versuchte,

diesen Arm zu ihrem Oberkörper zu ziehen. Aber es war kaum Platz zwischen den Körpern vor und neben ihr. Die Bewegungen der Hand beschleunigten sich und die Finger tasteten unter der Bluse nach dem Rand ihres BHs, fuhren darunter und fanden die Brustwarze. Hektisch spielten die Finger an dem halb verhüllten Nippel, kniffen und zogen. Zum ersten Mal kam eine Welle des Schams zu ihren bisher vorherrschenden Gefühlen, Empörung und Unglauben, als ihre Nippel sich unter dieser Behandlung härteten und aufstellen. Bevor sie es endlich geschafft hatte, die Hand zu ihrem Oberkörper durchzuzwängen, hatten sie die nächste Station erreicht und hielten. In der allgemeinen Bewegung der ein- und aussteigenden Pendler verschwand die zudringliche Hand und kam nicht wieder. Den Rest der Fahrt verbrachte sie mit schützend vor die Brust gelegtem Arm.

***

Nach Feierabend nahm Greta ein Taxi zurück in ihr kleines Appartement, auch wenn das in ihrem Budget eigentlich nicht vorgesehen war.

***

Am nächsten Morgen hatte sie zu einer klaren Haltung dem Vorfall gegenüber gefunden. Nun gut, dann war es ihr eben auch passiert, irgendein perverser kleiner Feigling hatte sie betätschelt und sich danach wahrscheinlich darauf einen runtergeholt. Was eigentlich traurig und herabwürdigend für ihn und nicht für sie war. Greta beschloss, den ganzen Vorfall für sich zu behalten und keine große Sache daraus zu machen. Das Leben ging weiter.

Einige Wochen passierte nichts und Greta gelang es, den Vorfall in ihren Gedanken in den Hintergrund zu verdrängen. Sie dachte, sie hätte ganz gut damit abgeschlossen, aber ihre Reaktion, als es wieder passierte, strafte sie Lügen.

Es war Sommer geworden in Tokio und die Temperaturen stiegen nach der Regenzeit deutlich an. Zum Glück arbeitete Greta in einem klimatisierten Büro. Aber in den Metrowagen konnte es oft trotz der Klimatisierung unangenehm warm werden. Die Pendler versuchten mehr denn je, Berührungen zu vermeiden, obwohl dies in der drangvollen Enge fast unmöglich schien. Greta hatte einen Platz ziemlich an der Seite des Waggons und wandte den anderen Pendlern den Rücken zu. Als sich der Zug füllte, wurde sie an die Seitenwand gedrückt. Sie erinnerte sich, dass diese Situation in ihrer Anfangszeit in Tokio mehr oder minder Panik ausgelöst hätte, während sie jetzt relativ gelassen darauf vertraute, dass sie weder an der Wand zerquetscht würde noch ihr die Atemluft ausgehen würde. Da fiel ihr auf, dass der Körper hinter ihr sich fast rhythmisch bewegte. Vielleicht war es ihr erst deswegen nicht aufgefallen, weil sich die Pendler durch die Bewegungen des Zugs ohnehin ständig leicht bewegten. Der Körper hinter ihr rieb sich jedoch unabhängig von den Bewegungen des Abteils an ihr. Sie erstarrte. Ihr Herz begann zu rasen. Was sollte sie tun? Mit weit aufgerissenen Augen starrte sie blicklos an die Wand ihr gegenüber. Der Druck an ihrer Kehrseite verstärkte sich und sie konnte heftige, raue Atemzüge in ihrem Nacken spüren. Sie wurde noch stärker als bisher gegen die Seitenwand des Abteils gedrückt und war gezwungen, sich mit den Händen abzustützen, um nicht mit dem Gesicht dagegen zu stoßen. Immer noch war sie wie gelähmt und wusste nicht, wie sie reagieren sollte. Sollte sie sich umdrehen? Der Waggon schlingerte in eine weitere Kurve und die Passagiere mit ihm. Der Mann hinter ihr fiel fast mit seinem ganzen Gewicht auf sie und sie wurde endgültig an die Seitenwand gepresst. Sie fühlte, wie sich etwas Hartes auf Höhe ihrer Hüfte in ihre Seite bohrte und ihr wurde plötzlich ganz übel. Der Druck verringerte sich etwas, aber Greta wagte kaum, sich von der Wand des Abteils abzustoßen. Der Mann stand jetzt genau hinter ihr und jede Bewegung brächte sie ihm näher. Sie stieß ein kleines Wimmern aus. Sie fühlte sich hilflos und beschämt. Eine große, warme Hand fuhr unter Gretas Rock, legte sich seitlich an ihren Oberschenkel und begann dort, ihr Bein zu streicheln. Sie trug aufgrund der sommerlichen Temperaturen nur sehr feine Strümpfe und machte sich absurderweise Sorgen, die raue Hand könnte Laufmaschen hinterlassen. Während Greta immer noch wie erstarrt dastand, glitt die Hand unter ihrem Rock höher und höher. Greta wimmerte wieder, als das Ende des Strumpfs erreicht war und sich die Hand auf ihre nackte Haut legte. Zeitgleich hörte sie, wie der Mann hinter ihr ein Stöhnen unterdrückte. Sie spürte wieder das Harte. Es presste sich an ihre Kehrseite und wurde dort auf und ab gerieben. Der Mann streichelte ihren nackten Oberschenkel. Mit der Bewegung wurde ihr vernünftiger knielanger Rock nach oben gezogen und entblößte ihre Oberschenkel und den Ansatz der Strümpfe. Dann verschwand die Hand. Sie merkte Bewegungen hinter sich und plötzlich wurde ihr Rock gänzlich hochgeschoben und wieder spürte sie das Harte, nur, dass es nun heiß direkt an ihrem Seidenhöschen auf und ab glitt und der Mann heftig atmete. Ihre Augen füllten sich mit Tränen und sie schluchzte auf.

Der Mann drängte sich noch näher an sie. Durch die Bewegung wurde sie erneut an die Seitenwand des Abteils gedrückt. Sie legte ihre Wange an das kühle Plastik und schloss die Augen, was dazu führte, dass die ersten zwei Tränen über ihre Wangen liefen. Die Hände des Mannes tasteten sich jetzt über ihre Seiten hoch. Seine Handflächen bedeckten ihre kleinen Brüste vollständig und er begann, sie zu reiben und zu drücken. Dabei stöhnte er ihr wieder ins Ohr. Sie konnte seinen

Atem dabei fühlen und frische Tränen quollen durch ihre fest zusammengepressten Lieder. Sie hoffte nur noch, dass er schnell das bekäme, was er wollte und dann endlich von ihr ablassen würde.

Eine seiner Hände wanderte wieder nach unten. Als sie spürte, wie er sich unter den Rand des Höschens tastete, kniff sie ihre Beine so eng zusammen, wie sie konnte. Nein, das nicht. Das bloß nicht! Die Panik schlug wie eine Woge über ihr zusammen. Der Mann versuchte, mit seinen Fingern an ihren fest zusammengepressten Beinen vorbei und weiter nach vorn zu kommen. Vergeblich bohrte und drückte er seine Finger in den Spalt. Sie hörte ihn ärgerlich murmeln, als er ihr Höschen über ihre Pobacken nach unten zerrte und seine Finger nun von oben einen Zugang suchten. Immer noch presste und drückte er mit der linken Hand ihre Brust, jetzt mit schmerzhafter Gewalt, und das Harte fuhr auf ihrem blanken Hintern auf und ab und hinterließ feuchte Spuren, vor denen sie sich ekelte. Als er auch mit der neuen Taktik keinen Erfolg hatte, zog sich die Hand zurück.

Greta rührte sich nicht und presste weiter, so fest sie konnte, die Beine zusammen. Sie fühlte eine Bewegung hinter sich und die Hand kehrte zurück, glitt zwischen ihre Pobacken und presste etwas Kleines, Kaltes dazwischen. Sie zuckte zusammen, ihre rechte Hand löste sich von der Seitenwand und fuhr reflexartig nach hinten, um sich zu schützen. Die Hand wurde zur Seite geschlagen. Der Mann löste mit einem letzten schmerzhaften Zusammenpressen seine linke Hand von ihrer Brust und umfasste ihr Handgelenk, um die Hand nach hinten und oben auf ihren Rücken zu ziehen. Dabei drehte er seinen Körper leicht seitlich, sodass er damit auch ihre andere Hand blockierte. Hilflos war sie der bohrenden und pressenden Hand ausgeliefert, die das kleine, harte, kalte Objekt zwischen ihre Pobacken zwängte, dort auf und ab fuhr und schließlich ihr Poloch fand. Zu Gretas Entsetzen wurde dort der Druck verstärkt und obwohl sie weiterhin ihre Beine und Pobacken fest zusammenkniff, glitt das Ding in sie. Sie konnte einen kleinen Schrei nicht unterdrücken und versuchte, sich aus dem Griff des Mannes zu winden. Aber er hielt sie mühelos in der Position fest. So gab sie ihren Widerstand auf, lehnte die Stirn an die kühle Wand und weinte stumme Tränen. Das Harte kam zurück. Es wurde an ihren Po gedrückt und auf und ab gerieben. Im selben Takt schob der Mann das Ding in ihrem Po vor und zurück und sein unterdrücktes Stöhnen wurde lauter. Wenn bloß niemand von den anderen Passagieren sah, was hier vor sich ging: Greta an die Wand gedrückt, schmählich entblößt und aufs Abscheulichste benutzt. Ihre Knie wurden weich, allein bei dem Gedanken an die Schande. Die Bewegungen des Mannes steigerten sich, immer heftiger presste sich sein hartes Ding in ihre Seite, immer tiefer und schneller wurde das Objekt in sie eingeführt, es schmerzte, aber das Gefühl der Demütigung war viel schlimmer. Dann verkrampfte er sich und gab wieder dieses unterdrückte Stöhnen von sich, etwas Feuchtes traf auf ihren Po und begann zähflüssig von dort auf ihren Oberschenkel zu laufen. Der Mann erstarrte, immer noch presste er sie mit hartem Griff gegen die Wand, aber alle Bewegungen hatten aufgehört. Sie hörte ihn nur noch leicht keuchend atmen.

Der Zug hielt an der nächsten Station, die Türen öffneten sich zischend und in der Bewegung und Gegenbewegung der Pendler verschwand der Druck plötzlich. Ihr Arm war frei. Sie konnte die schützende Bewegung nun – zu spät, viel zu spät! – zu Ende führen. Das Objekt steckte immer noch in ihrem Poloch. Schnell entfernte sie es und zog ihren Rock herunter. Ein flüchtiger Blick, es handelte sich um einen billigen Kugelschreiber und angewidert ließ sie ihn auf den Boden des Abteils fallen.

Die restliche Fahrt starrte sie ihn an. Sie wagte vor Scham nicht, den Blick davon zu heben, da sie das Gefühl hatte, alle anderen Passagiere würden sie abfällig und abschätzend mustern.

An ihrer Station stieg sie aus und eilte schnell ins Büro. Immer noch lief eine zähe warme Masse an ihrem Oberschenkel herab.

Im Büro ging sie sofort auf die Toilette und säuberte sich in einer der Kabinen so gut wie möglich. Sie konnte sich nicht auf ihre Arbeit konzentrieren und machte, was sie sonst nie tat, früher Schluss und ging nach Hause. Den Kollegen, die ihr gute Besserung wünschten, widersprach sie nicht.

Da sie so früh dran war, konnte sie in einer für Tokioter Verhältnisse fast leeren Bahn nach Hause fahren. Dennoch gingen ihr während der gesamten Fahrt, die Szenen vom Morgen durch den Kopf. Sie ertappte sich dabei, wie sie den Boden des Abteils nach dem Kugelschreiber absuchte, als wäre es dasselbe Abteil oder derselbe Zug.

***

Zu Hause duschte sie erst einmal ausgiebig und wusch die Sachen, die sie getragen hatte, obwohl sie die Waschmaschine längst nicht füllten. Dann ging sie, obwohl es noch zu früh war, zu Bett.

***

Mitten in der Nacht wachte sie auf. Sie hatte von den Vorfällen in der Bahn geträumt und konnte nicht wieder einschlafen. Sie wälzte sich von einer Seite auf die andere. Immer wieder gingen ihr die Szenen durch den Kopf. Die Hand die ihren Oberschenkel gestreichelt hatte. Wie er sich an sie gepresst und gerieben hatte. Sein hartes Ding, das an ihren Po gedrückt wurde, während zwei Hände ihre Brüste massierten und drückten. Das Gefühl, entblößt zu werden. Das Gefühl, als sich der Kugelschreiber in ihren Po gebohrt hatte. Voller Scham entdeckte sie, dass es sie erregte, daran zu denken. Ihre Brustwarzen waren hart und aufgerichtet, zwischen ihren zusammengepressten Beinen pochte es. Voller Selbstvorwürfe fuhr ihre Hand über ihren Körper nach unten und sie begann, sich zwischen den Beinen zu streicheln. Immer und immer wieder wiederholten sich die Szenen in ihrem Kopf. Was wohl passiert wäre, wenn sie dem Druck der Hände nachgegeben und die Beine gespreizt hätte, statt sie zusammenzupressen? Unwillkürlich spreizte sie jetzt die Beine, legte ihre mittlerweile feuchte Spalte frei. Sie genoss den nachlassenden Schmerz in ihrem Poloch, den Nachhall von Zwang und Demütigung und dann kam sie, heftiger als je zuvor. Und schämte sich, heftiger als je zuvor.

***

Die Problematik mit Belästigungen im Metrosystem der Stadt hatte sich mittlerweile so zugespitzt, dass es nicht mehr ignoriert werden konnte. Obwohl solche Dinge von den Japanern normalerweise verschämt verschwiegen wurden, begann eine öffentliche Debatte. Separate Wagen für Frauen wurden eingeführt, um der Situation Herr zu werden. Greta benutzte sie wie fast alle Frauen, falls sie nicht hoffnungslos überfüllt waren. Immer, wenn das geschah, und Greta im normalen Wagen mitfahren musste, verbrachte sie die Fahrt in schrecklicher Anspannung.

Greta hatte morgens vor der Arbeit einen Arzttermin in der Stadt gehabt. Jetzt musste sie sich sputen, um noch rechtzeitig ins Büro zu kommen. Die Bahn fuhr ein, wie immer um diese Zeit recht voll, und Greta reihte sich ein, um in den gekennzeichneten Frauenwaggon zu steigen. Der allerdings war voll.

Einige der ganz vorn stehenden Damen konnten einsteigen, aber dann war nichts mehr zu machen.

Mit einem flauen Gefühl im Magen ging Greta die Reihe der normalen Wagen entlang, bis sie einen fand, in den sie einsteigen konnte. Angespannt musterte sie die Gesichter um sich herum. Mit der Hand, die nicht den Haltegriff umklammerte, drückte sie sich ihre Aktenmappe vor die Brust. Ihr Herz klopfte ihr wieder einmal bis zum Hals. Während der nächsten Minuten wurde Greta durch die Bewegungen der ein- und aussteigenden Pendler in den hinteren Teil des Abteils geschoben. Sie hatte nur noch wenige Stationen zu fahren, als geschah, was sie halb befürchtet, halb erhofft hatte ...

Es fing als verstohlene Berührung an. Eine Hand fuhr kaum wahrnehmbar über ihre Rückseite und ihren Po und verschwand, kehrte dann zurück und rieb über ihren Hintern. Sie stand wie erstarrt, hin- und hergerissen, wie sie reagieren sollte. Ausweichen konnte sie nicht, sie war von allen Seiten von anderen Passagieren umgeben. Männlichen Passagieren. Falls es andere Frauen in diesem Abteil gab, konnte Greta sie zumindest nicht sehen. Nach einer Weile spürte sie eine Berührung an ihrer Hand. Finger glitten zwischen ihre Finger und lösten sie vom Griff der Aktentasche. Erschrocken zuckte sie zusammen, als die Tasche zu Boden fiel. Unnachgiebig wurde ihre Hand hinter ihren Rücken gezogen und dort auf etwas gepresst. Greta fühlte Jeansstoff. Reflexartig ballte sie die Hand zur Faust und wollte sie zurückziehen. Aber sie kam gegen den Zug von hinten nicht an. Ihre Finger wurden aufgebogen, erneut auf den Jeansstoff gelegt und dort auf und ab bewegt. Greta ahnte, was sie da unter ihren Fingern spürte. Ihre Gedanken rasten. Wie immer, wenn sie in Panik geriet, konnte sie sich zu keiner Handlung durchringen.

Die Hand des Mannes wanderte von ihrem Po, über ihre

Taille zu ihrer Brust und begann dort zu drücken und zu reiben. Ihre Hand kam kurz frei, aber bevor sie wirklich reagieren konnte, wurde sie wieder gepackt und an die alte Stelle gelegt. Nun war der raue Jeansstoff weg. Gretas Finger berührten heißes Fleisch. Erneut ballte sie ihre Faust, doch wieder wurden ihre Finger gewaltsam aufgebogen und in einen Griff um das heiße Fleisch gezwungen. Die Faust des Mannes umschloss ihre und bewegte sie auf und ab. Sie musste einen leisen Laut ausgestoßen haben, denn der Mann vor ihr, von dem sie bislang nur den Schopf dicker, etwas zu langer schwarzer Haare gesehen hatte, wandte jetzt den Kopf zu ihr um. Ihre Blicke begegneten sich. Dann senkte der Mann seinen Blick und seine Augen weiteten sich. Er hatte die Hand an Gretas Brust entdeckt. Würde er ihr helfen? Ruckartig hob der Mann den Kopf und blickte Greta wieder in die Augen. Auf seinem Gesicht mischte sich Erkennen mit etwas anderem. Es war ein Ausdruck, der Greta durch und durch ging, ohne dass sie hätte sagen können, wieso. Er verschaffte sich genug Platz, um sich Greta vollends zuwenden zu können und seine Mundwinkel verzogen sich nach oben zu einem Lächeln. Oder eher einem abfälligen Grinsen. Greta begriff, dass hier keine Hilfe zu erwarten war. Dass er sich im Gegenteil noch an ihrer Situation weidete.

Kaum war ihr dieser Gedanke durch den Kopf geschossen, da packte er mit beiden Händen ihre Brüste und knetete sie. Greta schnappte schockiert nach Luft. Dann begann er, Knopf für Knopf ihrer roten Bluse zu öffnen, wobei er Greta weiterhin nicht aus den Augen ließ. Greta ließ die Haltestange los und wollte den Arm zwischen sich und den dunkelhaarigen Mann vor ihr bringen, aber etwas hielt sie fest. Sie hatte sich in etwas verfangen. Sie hob den Blick. Es sah aus wie ein Tuch oder ein Schal, weiß mit blauem Blumenmuster. Aber es war nicht ihres. Greta begriff, dass jemand, ohne dass sie es gemerkt hatte, dieses Halstuch dazu benutzt hatte, ihre Hand an der Stange festzubinden. Sie konnte die Hand nicht fortnehmen und für die anderen Passagiere sah es so aus, als ob sie sich mit ihrem Halstuch in der Hand an der Stange festhielt.

Mittlerweile stand Gretas Bluse so weit offen, dass der schwarze Spitzen-BH, den sie darunter trug, komplett zu sehen war. Mit beiden Händen griff der Mann in die Körbchen und holte Gretas Brüste heraus. Gretas Mund öffnete sich, ein Schrei stieg aus ihrer Kehle empor und wurde von einer Hand erstickt, die sich von hinten auf ihren Mund legte. Der dunkelhaarige Mann senkte den Kopf auf ihre Brust und nahm eine ihrer Brustwarzen in den Mund. Eine Hand an den Haltegriff gebunden, die andere hinter ihrem Rücken in der Gewalt des Mannes hinter ihr, der sie nach wie vor dazu benutzte, sich selbst zu befriedigen, hatte Greta keine Möglichkeit, sich zu wehren, als der dunkelhaarige Mann begann, ihre Brüste mit dem Mund zu bearbeiten. Er leckte und saugte abwechselnd an ihren Brustwarzen. Greta spürte, wie ihre Nippel sich unter dieser Behandlung steil und hart aufrichteten. Am Rande bekam sie mit, dass ihre Station aufgerufen wurde. Die Bahn hielt und fuhr wieder an. Sie kniff die Beine zusammen, um die Nässe, die sie spürte, daran zu hindern, aus ihr herauszulaufen.

Neben sich hörte sie ein Keuchen. Greta konnte den Blick nicht wenden, die Hand auf ihrem Gesicht zog ihren Kopf zu dem Mann hinter ihr. Aber sie fühlte, wie eine weitere Hand sich auf das nackte Fleisch ihrer Brust legte und zu reiben und zu drücken begann. Der Mann hinter ihr hatte immer noch eine große, raue Hand auf ihrem Mund und zog ihren Kopf weiter zurück, sodass ihr nichts übrig blieb, als sich nach hinten zu biegen. Greta musste sich krümmen, um dem Zug dieser Hand zu begegnen, und bot so ihre entblößten Brüste dem Mann vor ihr unfreiwillig aufreizend dar. Greta begriff, dass diese drei Männer, die sich ohne ihre Zustimmung mit ihrem Körper vergnügten, sich kannten. Sie arbeiteten zusammen. Es war geplant, ein wohlüberlegtes Manöver, kein Zufall. Die Männer hatten hier auf ein Opfer gewartet und Greta ausgewählt. Sie hatten sich um sie herum aufgebaut, ihre Hände fixiert, dafür gesorgt, dass sie nicht um Hilfe rufen konnte und sie sich ungestört mit ihr beschäftigen konnten. Was hatten sie mit ihr vor? Wie weit würden sie gehen?

Als hätte der dunkelhaarige Mann vor ihr ihre Gedanken gelesen, richtete er sich auf und starrte ihr wieder ins Gesicht. Er legte beide Hände auf ihre Brüste und drückte zu. Fest. Gretas Körper versteifte sich, dann versuchte sie, sich aus dem Griff der drei Männer zu befreien. Aber es war zwecklos. Der Mann lächelte, er hatte einen grausamen Zug um den Mund. Er nahm ihre Brustwarzen zwischen seine Finger und begann sie zu zwirbeln und zusammenzupressen. Gretas Stöhnen wurde von der Hand auf ihrem Mund erstickt. Aber er konnte die Tränen aus ihren Augen laufen sehen. Befriedigung malte sich auf seine Züge. Eine Hand löste sich von ihrem Nippel und Greta sah aus dem Augenwinkel, wie der Kopf des zweiten Mannes sich seitlich an ihre Brust schob. Er hatte schütteres Haar, das ihm auf dem Hinterkopf bereits ausging. Sie spürte, wie er die Brustwarze in den Mund nahm und gierig anfing zu saugen. Auch das tat weh. Der dunkelhaarige Mann verzog sein Gesicht wieder zu diesem abfälligen Grinsen. Greta spürte, dass sie seiner Meinung nach bekam, was sie verdiente. Ihr schien, als wüsste er irgendwie, dass ein Teil von ihr es genoss. Sie schlug die Augen nieder, was zur Folge hatte, dass ihr weitere Tränen über die Wange liefen. Sie spürte, wie der Mann ihr unter den Rock und zwischen die Beine fasste. Er versuchte, erst zwischen ihre fest zusammen gepressten Schenkel zu kommen, dann packte er ihren Slip und zog. Die Seide fraß sich tief in das empfindliche Fleisch. Immer wieder zog er den Slip hoch und ließ wieder nach. Wie prüfend legte er dann seine Finger an den Spalt und rieb auf dem Stoff darüber und dem entblößten Fleisch daneben. Ob er die Nässe spüren konnte? Plötzlich schob der Mann hinter ihr seine Füße zwischen ihre. Trotz ihrer Versuche, die Beine geschlossen zu halten, schob er ihre Füße Zentimeter für Zentimeter auseinander und ihre Schenkel öffneten sich für die Hand des Mannes vor ihr. Mit triumphierendem Lächeln schob er seine Finger unter ihren Slip, zwischen ihre Schenkel und drang in sie ein. Wieder versuchte Greta vergebens, sich aus dem Griff der Männer zu befreien. Durch ihre Bewegungen erreichte sie nur, dass ihre Hüften zuckten und sich bewegten, was womöglich den Eindruck erweckte, sie winde sich vor Lust. Kaum war ihr diese Erkenntnis gekommen, da hörte Greta schon auf, sich zu wehren und erstarrte. Der dunkelhaarige Mann zog seine Finger zurück. Er suchte Blickkontakt und hantierte an seiner Hose herum. Greta hielt den Atem an, als er näherrückte und sich an ihr rieb. Sie spürte etwas Feuchtes und er drängte sich näher und näher an sie heran, zerrte grob den Stoff ihres Slips zur Seite und zwängte nun etwas anderes als seine Finger zwischen ihre Schenkel. Auch der Mann hinter ihr drängte sich näher an sie heran. Ihr Arm wurde zwischen ihren beiden Körpern eingeklemmt, ihr Kopf noch weiter zurückgebogen. Sein Unterleib presste sich an sie, drückte ihr Becken nach vorn. Mit seinen Füßen öffnete er ihre Beine noch weiter, öffnete sie für den Mann vor ihr. Greta spürte, wie etwas in sie eingeführt wurde, groß, heiß und feucht. Der dunkelhaarige Mann fing mit einer Hand wieder an, ihren freien Nippel zu pressen und zu ziehen, die andere krallte er in ihre Pobacke und stieß rhythmisch mit dem Becken zu. Dabei starrte er ihr weiter ins Gesicht, suchte ihren Blick. Greta schlug die Augen nieder, sie wollte ihn nicht anschauen. Sie konnte seinen Blick nicht ertragen. Ein heftiger Schmerz schoss durch ihre Brust, als er sie fest zusammenpresste. Er löste die Hand, fasste in ihr Haar und drehte ihren Kopf zu sich. Als sie weiterhin die Augen geschlossen hielt, presste er den Nippel und zog ihn lang. Erschrocken über den neuerlichen Schmerz riss Greta die Augen auf. Sobald sie die Augen wieder niederschlug, fügte er ihr erneut Schmerzen zu, indem er ihre Brust oder ihren Nippel quetschte und kniff, bis sie ihm wieder ins Gesicht blickte. Seine Stöße wurden heftiger, beide Männer begannen zu keuchen. Von dem dritten Mann sah sie weiterhin nur den Hinterkopf in ihrem peripheren Blickfeld, da er nach wie vor ihre Brust bearbeitete und an ihrem mittlerweile dumpf schmerzenden Nippel saugte. Aber das war nichts im Vergleich zu dem hellen Schmerz, als der Mann vor ihr erneut ihren Nippel bearbeitete und seine Nägel in das empfindliche Fleisch presste. Er stieß so heftig zu, dass sie das Gefühl hatte, dort unten entzweigerissen zu werden. Dann ergoss er sich heiß in sie. Sofort zog er sich zurück, packte ihr Haar und riss sie an sich. Die Hand verschwand von ihrem Mund, aber ihr Gesicht wurde an den rauen Stoff seiner Jacke gepresst, sodass sie weiterhin nicht um Hilfe rufen konnte. Ihr hinterer Arm wurde freigegeben. Sie fuchtelte damit durch die Luft, ohne etwas ausrichten zu können, als der Mann hinter ihr nun ebenfalls in sie eindrang und zu stoßen begann. Obwohl sie feucht von ihrer eigenen Flüssigkeit und dem Erguss des Mannes vor ihr war, tat es weh und Greta versuchte erneut, sich zu befreien. Sie zappelte und zerrte an dem Schal, mit dem sie an die Haltestange gebunden war, und bekam die Hand frei. Sie fing an, um sich zu schlagen, aber sofort wurde die Hand eingefangen und festgehalten. Der Dunkelhaarige presste ihren Kopf darauf tiefer und tiefer, bis er sie so fest im Schwitzkasten hatte, dass sie kaum mehr atmen konnte. Greta gab auf und hielt still. Der Mann hinter ihr hielt mit beiden Händen ihre Hüften fest und stieß tiefer und tiefer in ihr bereits wundes Fleisch und dann spürte sie erneut, wie sich heißer Samen in sie ergoss.

Eine kurze Zeit passierte nichts. Greta hing wie erstarrt im Würgegriff des Mannes, ihr Kopf tief gesenkt, ihr Unterleib entblößt und dem Mann hinter ihr oder jedem anderen, der jetzt vielleicht dort stand, präsentiert, während Samen und Saft aus ihr herausliefen. Würde der dritte Mann sie sich jetzt vornehmen? Würden sie sie jetzt in Ruhe lassen?

Der Würgegriff lockerte sich etwas und der Dunkelhaarige änderte seine Position. Greta fühlte frischere Luft auf ihrem Gesicht und konnte freier atmen. Als sie die Augen öffnete, konnte sie unter seinem Arm hindurch etwas sehen. Eine Bewegung direkt vor ihrem Gesicht. Als ihre Augen sich scharfstellten, sah sie direkt auf den Schritt eines Mannes. War es der dritte? Er öffnete seine Hose und holte sein hartes und dickes Ding heraus. Er drückte es ihr ins Gesicht und Greta keuchte auf und versuchte, den Kopf abzuwenden. Er legte ihr eine Hand um das Kinn, zwang sie zurück und übte Druck aus, um ihren Mund zu öffnen. Greta verstand, was passieren sollte … was er wollte. Sie riss die Augen auf und presste Lippen und Zähne so fest zusammen, wie sie konnte. Dazu konnten sie sie nicht zwingen!

Greta spürte eine Hand, die ihren Po auf und ab glitt und in ihre Spalte fuhr. Finger wurden in sie gebohrt und vor und zurück bewegt. War das derselbe Mann, der sich gerade an ihr vergangen hatte oder ein anderer? Der dunkelhaarige Mann, der sie immer noch in seinem Würgegriff hatte, schob seine freie Hand auf ihre Brüste und begann wieder, ihre Nippel zu pressen und zu ziehen. Er presste ihren linken Nippel immer stärker und stärker zusammen und drängte mit dem anderen Arm, der um ihren Hals lag, ihren Kopf in Richtung des Mannes vor ihr. Es war klar, was das bedeuten sollte. Sie sollte den Mund öffnen. Greta weigerte sich. Tränen liefen ihr aus beiden Augen – vor Schmerz, Scham und Demütigung. Der Schmerz wurde heftiger und dann unerträglich. Greta öffnete den Mund, gleichermaßen vor Schmerz, wie aus Atemnot, da sie durch das Weinen mittlerweile nicht mehr durch die Nase atmen konnte. Sofort schob der Mann vor ihr ihr sein Ding in den Mund. Greta schmeckte ihn und fühlte ihn. Ihr Herz machte einen Aussetzer. Sie wollte den Kopf zur Seite drehen, ausspucken, was ihr da in den Mund gesteckt wurde, beißen. Aber sie wurde zu gut festgehalten, der Druck auf ihre Wangen war zu stark und so fügte sie sich in ihr Schicksal. Tief und immer tiefer bohrte sich der Schwanz in ihre Kehle. Sie bekam kaum Luft und musste würgen, die Finger, die sich in ihre Muschi bohrten, rückten in den Hintergrund gegenüber diesem erneuten ungewollten und gewaltsamen Eindringen in ihren Körper. Dann fühlte sie den Erguss, schmeckte ihn. Die Bahn hielt an der Endstation. Der Schwanz wurde aus ihrem Mund gezogen, die Hände ließen sie alle gleichzeitig los und Greta sackte in der nun leeren Bahn zu einem Häufchen auf dem Boden zusammen.

8. Benutzung

Was ich mit Dir machen würde ...
Ich, Robert, würde Dich erst mal an den Haaren packen. Und während ich unter Deinen kurzen Rock fasse und meinen Finger zwischen deine Schamlippen schiebe, flüstere ich Dir ins Ohr, dass ich Dich jetzt nach oben bringen, Dich ans Bett binden und Dir das Höschen ausziehen werde.

Dann würde ich Dir sagen, dass ich gleich Besuch bekomme und Du heute Abend unsere kleine Schlampe sein wirst.

Ich würde Dich am Hals packen und an den Haaren und Dich oben aufs Bett schmeißen. Du würdest Dich schmutzig fühlen und doch immer geiler werden.

Wir würden unten sitzen, Whiskey trinken und uns ausmalen, wie wir Dich rannehmen.

Du würdest oben liegen, die Augen verbunden, gefesselt, die Beine gespreizt und würdest zuhören, wie wir davon reden, Dich zu ficken!

Dann würde ich die Treppe hinaufgehen, wobei Du jeden Schritt hörst, und immer nervös wirst ...

***

Und ja, ich höre jeden Schritt und werde immer unruhiger ...
Eurem Gespräch zu lauschen, war eine ungeahnte Folter. Wie viele Deiner Freunde sitzen da unten? Zwei? Drei? Mehr?

Mit gestreckten Armen und weit gespreizten Beinen hast Du mich ans Bett gebunden. Meine Augen sind verbunden. Mit geballten Fäusten prüfe ich die Fesseln, die sich keinen Millimeter bewegen. Soll ich nach Dir rufen? Dich bitten, mich loszubinden? Oder das Spiel noch etwas weitergehen lassen?

Was, wenn Du Dich weigerst aufzuhören?

Mein Körper verrät wie immer, wie erregt ich bin. Aber will ich das denn wirklich? Wie werde ich mich hinterher fühlen?

Was wird das zwischen uns ändern?

Du bist im Zimmer. Ich hoffe, dass Du das bist. Eine Hand fährt mein Bein hinauf, meinen Oberschenkel entlang, meine Beine zittern in dem Bemühen, sich zu schließen – ohne Erfolg. Ein Finger berührt mich, dringt in mich ein.

Deine Stimme flüstert in mein Ohr, wie feucht ich schon bin, dass ich meine Erregung nicht leugnen kann. Der gleiche Finger gleitet über meine Lippen. Ich will den Kopf zur Seite drehen, aber Deine andere Hand umfasst mein Kinn und hält es fest. Zwingt mich, meine eigene Erregung zu schmecken. Du glättest meinen Rock und meine fast durchsichtige weiße Bluse. Ich trage darunter keine Unterwäsche.

***

Es erregt mich, Dich gefangen in Deiner eigenen Geilheit und Deiner Angst vor der eigenen Courage zu sehen. Ich sage Dir, dass ich es nicht erwarten kann, dass meine Freunde Dich richtig durchficken. Zuerst werden sie nacheinander zu Dir kommen, um Dich zu begutachten. Du wirst schön abgegriffen werden. Dann werden wir entscheiden, wer Dich in welches Loch ficken darf. Vielleicht bei einer Runde Poker. Wer zuerst raus ist, kommt hoch zu Dir und benutzt Deinen Mund, der Nächste Deine Fotze und der glückliche Gewinner Deinen Arsch. Zum Zeichen, dass Du kleine Schlampe hier nichts zu sagen hast, wirst Du den ganzen Abend schweigen. Stöhnen und schreien darfst Du natürlich.

***

Du gehst und lässt mich allein zurück. Ich höre Deine Schritte die Treppe hinuntergehen und dann, wie Du unten mit den anderen sprichst. Euer Lachen hört sich für mich dreckig und ein bisschen hämisch an. Wieder frage ich mich, ob ich das wirklich will. Schon höre ich wieder Schritte auf der Treppe. Viel lauter als Deine. Entweder der Typ ist sehr groß und schwer oder er tritt ziemlich fest auf. Im Türrahmen verstummen die Schritte kurz und ich höre seine Stimme.

»Du bist also Roberts Fickhäschen, auf das er so stolz ist.«

Schnell überbrückt er die Distanz zum Bett und greift mir mit beiden Händen direkt an die Titten, um sie zu kneten. Wie von Zauberhand scheinen sich die Knöpfe der Bluse zu öffnen und er quetscht beide jetzt nackten Brüste zusammen, um die Nippel mit seiner Zunge zu bespielen. Die andere Hand zieht den Rock nach oben und klatscht zwischen meine Beine. Mit festem Druck reibt sie dort auf und ab, bevor erst zwei, dann drei Finger, in mich gebohrt werden. Mir wird ganz schwindlig, so schnell geht das alles, und ich stoße einen keuchenden Protestlaut aus. Der allerdings völlig falsch interpretiert wird ...

»Ja, Robert hat schon gesagt, dass du ziemlich devot bist. Nass bist du zudem auch.« Er fängt an, mir zwischen die Beine zu schlagen.

»Das gefällt dir, oder?«, flüstert er mir ins Ohr.

Mit einer Hand umfasst er mein Kinn und drückt zu, dann presst er seine Lippen auf meine und steckt mir direkt seine Zunge in den Mund, um sie dort hektisch zu bewegen.

Ich hasse Typen, die so küssen. Am liebsten würde ich mich ihm entziehen, aber ich tue es nicht. Brav lasse ich alles über mich ergehen. Während er mich küsst, bohrt er mir wieder seine Finger in die Spalte. Immer mehr, bis es unangenehm wird, um mich dann ziemlich gefühllos damit zu ficken. Endlich gibt er meinen Mund wieder frei. Seine Lippen wandern zu meinen Nippeln. An denen saugt und knabbert er abwechselnd. Zwischendrin murmelt er, dass meine Titten ganz ordentlich sind, aber meine Muschi zu eng.

»Lass einfach locker«, flüstert er, »ich steh auf Fisten.«

Dabei versucht er, sich mit seiner Hand tiefer in mich zu

wühlen.

»Ist dein Arsch etwa auch so eng?«, fragt er.

Er zieht seine Finger aus meiner Fotze, sucht mein Poloch und presst sofort einen Finger hinein. Ich stöhne gequält auf und bewege meinen Kopf in einer verneinenden Geste. Einmal mehr versuche ich vergeblich, meine Beine zu schließen.

»Schön brav«, knurrt er und zwingt noch einen weiteren Finger in mich. Vor und zurück kann er sie bewegen, aber da sein Handgelenk quasi zwischen mir und dem Bett eingeklemmt ist – glücklicherweise nicht so heftig, wie eben noch.

»Wir sollten schon mal beten, dass ich die Pokerrunde nicht gewinne«, sagt er mit einem Unterton, der seine Worte Lügen straft. »Dein Arsch ist viel zu eng für meinen Harten. Dein Problem ist nur, dass ich echt gut pokere.« Er zwingt mir noch einen Kuss auf, zieht dann seine Finger endlich aus mir und verschwindet ohne ein Wort.

Ich liege halbnackt da, meine Lippen und Titten schmerzen von der rauen Behandlung und meine Muschi und mein Poloch fühlen sich ebenfalls ganz wund an. Was für Typen hast Du da ausgesucht?

Die nächsten Schritte, die die Treppe heraufkommen, höre ich nicht. Ich merke erst, dass jemand nach oben gekommen ist, als ich ein leises Klopfen am Türrahmen und ein zaghaftes »Hallo?« höre.

Nach einer gefühlten Ewigkeit merke ich, wie er sich neben mich legt. Behutsam und vorsichtig legt er seine Hand auf meinen Bauch. »Du bist echt schön«, flüstert er. »Ich wünschte, ich könnte deine Augen sehen. Ich habe so etwas noch nie gemacht.«

Ich fühle, wie er mein Haar streichelt. Er streicht ein paar Strähnen aus meinem Gesicht und an meiner Wange entlang.

»Ich ... also wir ... äh«, stammelt er, »wir sollen dich ... also, dürfen dich anfassen. Ich hoffe, das ist okay für dich. Sag, wenn dich etwas stört.«

Er fährt meinen Hals herunter und zu meinen Brüsten, die er vorsichtig streichelt. Ich höre, wie sein Atem sich etwas beschleunigt. Er küsst meine Wange, meinen Mund und fährt vorsichtig mit seiner Zunge meine Lippen entlang, bevor er sich weiter vortraut. Ich erwidere den Kuss, und da packen seine Hände schon kräftiger zu. Er liegt jetzt seitlich auf mir und ich spüre seinen Steifen an meiner Seite. Gar nicht so klein. Mit einer Hand wandert er zwischen meine Beine, wo er meine Klit reibt. Ziemlich gekonnt, für jemanden, der so schüchtern scheint. Ich spüre ein vertrautes Prickeln zwischen meinen Beinen und wie neue Nässe aus mir austritt. Als er meine Reaktion bemerkt, stöhnt er, vertieft den Kuss und stößt ein paar Mal sein Becken vor. Dann wandert sein Mund zu meinen Brüsten und er spielt abwechselnd mit seinen Fingern und seiner Zunge an meinen Nippeln, während er mit der anderen Hand weiter meine kleine Perle reibt. Jetzt bin ich diejenige, die stöhnt. Dass ich meinen Kopf auf dem Kissen hin- und herwerfe, ist diesmal keine Geste der Verneinung. Der Kerl kitzelt mich ganz schön hoch. Seine Lippen ziehen eine Spur meinen Bauch herunter und er positioniert sich zwischen meinen gespreizten Beinen. Während er sich bewegt, hört er keinen Moment auf, meine Perle zu reiben. Ich spüre seinen Atem, als er dicht über meiner Scham etwas haucht, dass ich nicht verstehe. Dann ersetzt er seinen Finger durch seine Zunge. Während er gekonnt über meinen Kitzler leckt, schiebt er eine Hand nach oben und massiert meine Brüste, die Finger der anderen Hand spielen an meiner Spalte. Behutsam fängt er an, mich mit seinen Fingern zu ficken, um dann sein Tempo zu steigern.

Bald kann ich nicht mehr, beginne zu zucken und komme an seinem Mund. Er leckt noch ein paar Mal über meinen empfindlichen Kitzler und löst ein paar Spasmen aus, dann rutscht er wieder nach oben.

»Das war geil«, sagt er, »und du bist toll! Ich freu mich drauf, dich zu ficken.« Er küsst noch einmal behutsam meine Wange, dann steht er auf. Fürsorglich zieht er meinen Rock wieder nach unten und knöpft sogar meine Bluse zu.

Als er runtergeht, höre ich Euch klatschen und johlen. Vermutlich macht ihr Euch über ihn lustig, weil er etwas verunsichert von der Situation ist. Wenn ihr wüsstet ... Oder wisst ihr es? Wie laut war ich eben?

Wieder höre ich Schritte auf der Treppe. Jemand betritt das Zimmer. Ich fühle, dass an meinen Fußfesseln gezogen wird.

»Nicht schlecht, das Setting.« Die Stimme ist tief und hat einen samtenen Klang. »Ich persönlich hätte dich noch geknebelt. Aber du bist ja nicht meine Sub. Spielen werden wir aber. Ich habe uns auch etwas Spielzeug mitgebracht. Du stehst doch auf Schmerzen, oder? Wir werden viel Spaß haben.«

Er leckt mir tatsächlich einmal die Wange entlang. Diese Stimme, diese Worte und diese Geste sorgen für ein heftiges Kribbeln in meinem Bauch. Vorfreude oder Abscheu? Ich höre ein seltsames schnappendes Geräusch, gleich darauf noch einmal. Meine Bluse wird aufgeknöpft und ich spüre seine Hände auf meinen Titten. Fühlt sich seltsam an. Hat der Typ etwa Gummihandschuhe an? Er knetet sie kurz, packt dann beide Nippel und drückt zu. Fest. Ich stöhne gequält auf.

»Du darfst nicht sprechen, habe ich gehört. Falls doch, darf ich dich bestrafen.« Es hört sich an, als lächelte er, während er das sagt.

Als Nächstes fasst er mein Kinn an. Sein Daumen und die Finger bohren sich in meine Wangen, als er zudrückt, um meinen Mund zu öffnen. Die Finger der anderen Hand steckt er in meinen Mund, so tief, dass ich würgen muss. Ja, er hat definitiv Gummihandschuhe an. Ist das hier eine Fleischbeschau? Er lässt los und ich bekomme einen Klaps auf die Wange. Dann schiebt er meinen Rock hoch.

»Schöne große Schamlippen«, kommentiert er und zieht sie lang. »Wie gemacht für Klammern.«

Er platziert die Hände seitlich auf meinen Schamlippen und zieht sie zur Seite. Ein Daumen findet meine Klitoris und fängt an zu reiben. Meine Klit ist noch empfindlich von eben und ich zucke zur Seite. Das bringt mir einen festen Schlag auf meine Spalte ein. Aua! Dann höre ich, wie er spuckt und spüre den warmen Speichel auf meiner Muschi landen. Unwillkürlich gebe ich einen kleinen Laut des Ekels von mir. Scheinbar ungerührt schiebt er mir seine behandschuhten Finger rein und fickt mich ein paar Mal. Dann reibt er oben über die raue Stelle, an der auch der Ausgang der Harnröhre liegt und umkreist wieder meine befeuchtete Klit. Ich spüre einen weiteren Finger an meinem Po. Er umkreist das Loch ein paarmal und cremt es mit der Feuchtigkeit ein, die ihren Weg bis dort gefunden hat. Dann dringt er geschickt ein und fickt mich nun in beide Löcher. Ob ich will oder nicht, mein Atem beschleunigt sich trotz, oder gerade wegen, der entwürdigenden Art der Behandlung. Ich spüre, wie sich das Prickeln erneut aufbaut. Da merke ich plötzlich einen Schmerz in meinem Nippel. Der Mistkerl beißt. Während er mich weiter mit seinen Fingern bearbeitet, zwickt er mich immer wieder mit seinen Zähnen in die Brustwarze. Ich schwanke zwischen Lust und Schmerz, wieder Lust, wieder Schmerz.

Als es unerträglich wird, protestiere ich. »Nein, aufhören, bitte! Das halte ich nicht aus!«

Sofort stoppt er. Seine Finger werden aus mir zurückgezogen

und er richtet sich auf.

»Soso«, sagt er, »ungehorsam also auch.« In triumphierendem Tonfall meint er: »Ich habe die perfekte Strafe für dich.«

Wieder umfasst er mein Kinn.

»Schön weit aufmachen.«

Ich presse die Lippen zusammen. Was immer jetzt kommt, ich will es nicht in meinem Mund haben.

»Bis das vorbei ist, wirst du vier verschiedene Schwänze gelutscht haben, also stell dich nicht so an«, meint er.

Er drückt fester und ich höre, wie er spuckt. Gleich darauf trifft der warme Speichel meine Lippen. Auch wenn er irgendwie recht hat, ich muss fast würgen und presse weiter meine Lippen zusammen. Stoßweise atme ich hektisch durch meine Nase. Kaum wird mir diese Schwachstelle bewusst, presst er auch schon mit zwei Fingern meine Nasenlöcher zusammen. Wenn ich atmen will, muss ich meinen Mund öffnen. Nach kurzer Zeit verliere ich den Kampf.

***

Ich sitze unten, während die anderen nach und nach zu Dir gehen, um Dich zu begutachten. Es macht mich ziemlich geil, mir auszumalen, was sie alles mit Dir anstellen. Aber ich bin auch etwas besorgt. Ist alles gut bei Dir? Scheinbar ja, denn sonst hättest Du ja etwas gesagt.

Als alle drei wieder unten sitzen, gehe ich hoch und sehe nach Dir. Mit rosigen Wangen liegst Du im Bett. Dein Rock ist nach oben verschoben und Deine Bluse klafft weit auf. Deine Nippel sind steif und ich sehe Feuchtigkeit zwischen Deinen Beinen glitzern.

»Du schmutzige, kleine Schlampe«, sage ich von der Tür aus. »Haben die Jungs dich schön abgegriffen? Ich wette, du kannst es gar nicht mehr erwarten, von ihnen gefickt zu werden. Ich habe die ausgesucht, die die dicksten Riemen haben, damit du auch schön was davon hast. Danach wirst du drei Tage nicht sitzen können, du Luder.« Während ich so mit Dir rede, habe ich Deine Hand- und Fußfesseln gelöst.

Du reibst Dir Deine Handgelenke. Ich reibe mir meinen Schwanz durch die Hose. Die Vorstellung, dass die drei Dich gleich haben werden, macht mich richtig scharf. Vor allem jetzt, wo ich mir sicher bin, dass es Dich genauso aufgeilt, wie wir uns das vorher ausgemalt haben. Du willst die Augenbinde abnehmen, aber ich halte Deine Hände fest.

»Ausziehen und auf alle viere«, kommandiere ich. »Für den nächsten Teil wirst du mehr Bewegungsfreiheit brauchen, deshalb fessle ich dich neu. Wieder an Händen und Füßen, aber so, dass du dich hinlegen und knien kannst, und eben auch in die gute alte Doggy Position. Die gefällt dir ja ohnehin immer am besten.« Als ich Deinen prachtvollen Arsch so sehe, kann ich nicht anders, ich packe kurz meinen Schwanz aus, knie mich hinter Dich, fasse Dich an den Hüften und stoße in Dein feuchtes Fleisch.

***

»Egal, wer dich fickt, du gehörst mir«, stöhnst Du, während Du mich immer tiefer stößt.

Ich lege meinen Oberkörper ab und komme Dir mit meiner Hüfte entgegen. Gott, das fühlt sich so gut an! Viel zu schnell lässt Du von mir ab und ich höre Deinen Reißverschluss. Die Vorstellung, wie Du Deinen sicher immer noch schmerzhaft prallen Schwanz in Deiner Hose verstaust, entlockt mir ein Grinsen. *Du Armer*, denke ich, *und das alles nur für mich.* Dann bin ich wieder allein.

Es dauert diesmal lange, bevor ich erneut Schritte auf der Treppe höre. Mittlerweile habe ich mich auf eine Seite gelegt und so gut es geht zusammengerollt, um es mir bequemer zu machen. Die Tür des Zimmers wird sacht geschlossen.

»Hello again«, wieder diese dunkle Stimme, mit dem samtenen Klang.

Ich fühle, wie eine Hand sanft über meine Flanke streicht. Ich will mich aufrichten, aber die Hand drückt mich wieder hinunter.

»Schön still halten«, sagt er mit einem belustigten Unterton, »wir haben alle Zeit der Welt. Die anderen beiden sind ziemlich scharf auf deinen Arsch. Ich hingegen habe nichts dagegen, der Erste zu sein. Wir können da weitermachen, wo wir aufgehört haben.«

Die Hand umfasst mein Kinn und drückt zu. Dann werden mir Finger in den Mund geschoben. Immer tiefer, bis ich würge.

Ganz leise flüstert er in mein Ohr: »Nach deiner Reaktion vorhin kann ich es kaum erwarten, dir meinen Schwanz ins Maul zu schieben und dir in den Hals zu spritzen. Außerdem hab ich die Ehre, deine Fotze und deinen Arsch für die weitere Benutzung vorzubereiten.«

Ich spüre an den Bewegungen der Matratze, dass er aufs Bett gestiegen ist. Er umfasst meinen Kopf und dreht ihn nach oben.

»Mach schön den Mund auf«, sagt er.

Ich spüre seinen Penis, der gegen meine Lippen stößt. Es kostet mich etwas Überwindung, aber gehorsam fange ich an zu blasen. Es ist ein wenig anstrengend, da ich mich ziemlich recken muss, um ihn in mich aufzunehmen und meine Hände nicht benutzen kann.

»So ist es gut, jetzt leck meinen Schaft.«

Wieder gehorche ich und lecke mit meiner Zunge an seinem Schwanz hoch und runter.

»Leck meinen Sack.«

Brav gehe ich etwas tiefer an der Wurzel nach unten und lecke und sauge sanft an den Eiern. Dann schiebt er mir sein Ding wieder in den Mund. Ich spüre seine Hände, die meine Büste kneten und an den Nippeln ziehen.

»Da du vorhin so ungehorsam warst, ist es, denke ich, nur recht und billig, wenn ich dir ein paar Schmerzen verabreiche.« Mit diesen Worten beginnt er, meine Nippel zu zwirbeln und seine Fingernägel in sie hineinzubohren.

Trotz der Schmerzen blase ich brav weiter. Auch als er seinen Schwanz immer tiefer in meinen Rachen schiebt, liege ich still und wehre mich nicht. Als sein Atem schneller wird und sein Schwanz zuckt, zieht er ihn zurück. So schnell soll es scheinbar nicht vorbei sein. Wieder höre ich das schnappende Geräusch. Scheinbar steht er neben dem Bett und hat sich wieder Handschuhe angezogen. Etwas Kaltes trifft auf meine Poritze und läuft zwischen meinen Backen nach unten. Mit der Handfläche verteilt er es an meinem Anus und meiner Muschi, obwohl die eigentlich gar nicht geschmiert werden muss. Dann wird etwas an meine Spalte gedrückt und in mich eingeführt. Erst denke ich, er fickt mich jetzt doch, aber dann merke ich, dass es wohl ein Dildo ist. Als das Ding in mir steckt, fängt es an zu vibrieren. Ich stöhne unwillkürlich, weil es sich so gut anfühlt.

Während der Dildo in mir vibriert, fährt er mit einem Finger um meine Rosette. Er übt leichten Druck aus und ich versuche, mich zu entspannen, als erst ein, dann zwei Finger eingeführt werden. Er fickt mich damit ein bisschen. Als er versucht, einen dritten Finger dazuzunehmen, verspanne ich mich und weiche unwillkürlich zur Seite aus.

»Dann anders«, sagt er.

Ich spüre, wie er wieder auf das Bett steigt. Er kniet sich auf meine Beine und nagelt sie so fest. Dann fühle ich, wie wieder etwas an mein Poloch gepresst wird. Langsam schiebt er mir auch hier einen Dildo immer tiefer hinein und dehnt mich dabei auf. Ohne mich dagegen wehren zu können, liege ich fixiert unter ihm, stöhne und versuche, meine Muskeln zu entspannen. Schließlich fängt auch dieses Spielzeug an, zu vibrieren.

Er gibt mich frei und steigt vom Bett. Meine unteren beiden Löcher sind nun gut gefüllt. Er zieht mich hoch auf alle viere und positioniert sich unter mir, sodass wir in der 69er-Stellung liegen. Meinen Kopf zieht er auf seinen Schwanz und ich blase ihn.

Mit seiner Zunge fängt er an, meinen Kitzler zu reizen. Als ich kurz davor bin zu kommen, höre ich auf zu blasen, ich kann einfach nicht mehr, behalte aber seinen Schwanz im Mund. Sofort hört er auf, mich zu reizen und schlingt eins seiner Beine um meinen Nacken, um mich ziemlich unsanft runter auf seinen Schwanz zu drücken. Als ich weiterblase, beginnt auch er wieder, mich zu lecken. Obwohl ich beim nächsten Mal so gut es geht durchhalte und nicht aufhöre, mich zu bewegen, stoppt er wieder kurz vor meinem Orgasmus, macht eine Pause und fängt dann wieder an, mich zu lecken. Das macht mich wahnsinnig. Beim nächsten Mal halte ich es nicht mehr aus.

»Oh Gott, bitte, bitte …«, bettele ich ihn an.

Er lacht leise. »Schon wieder ungehorsam.«

Er windet sich unter mir hervor, zieht mich herunter, sodass ich nun mehr oder weniger ausgetreckt auf seinem Schoß liege. Zur Strafe schlägt er mir auf den Po. Fest genug, dass ich bei den letzten Schlägen leise aufschreie.

»Das waren zehn«, sagte er. »Ich werde jetzt zehn Sekunden deine kleine Perle rubbeln. Wenn du kannst, darfst du dabei kommen.«

Das kann ich natürlich nicht.

»Schade«, sagt er nach dem Versuch mit unechtem Bedauern. »Versuchen wir es mit zwanzig.«

Erst bei sechzig finde ich mit brennendem Po endlich Erlösung.

Er befiehlt mir, mich aufzurichten und positioniert sich wieder vor mir. Dankbar öffne ich selbst den Mund, ohne, dass er es verlangt. Er umfasst meinen Kopf und beginnt, mich in den Mund zu ficken. Ohne auf mein Würgen zu achten, rammt er mir seinen Schwanz immer tiefer in den Rachen. Ich kann kaum ausweichen. Unter der Augenbinde laufen mir Tränen über das Gesicht und meine Nase ist verstopft, sodass ich kaum noch atmen kann, als er mir seine Ladung tief in den Hals spritzt – so, wie er es angekündigt hat.

»Das wirst du alles schlucken«, sagt er, bevor er sich endlich zurückzieht.

Ich schlucke krampfhaft.

»Jetzt mach den Mund auf«, kommandiert er, um sich davon zu überzeugen, dass ich seinen Befehl befolgt habe. Dann nutzt er die Chance und spuckt mir zum Abschluss auch noch in den Mund. Als er geht, lege ich mich erschöpft hin.

Kaum öffnet er die Tür, höre ich eine andere Stimme, die ihn fragt, ob er endlich fertig ist. Der Nächste hat wohl schon gewartet. Die Tür wird wieder geschlossen und ich spüre, wie jemand aufs Bett klettert. Zwei Hände umfassen meine Hüften und ich werde auf alle viere hochgezogen.

»Ich hätte ja lieber als Erster deinen Arsch gehabt, aber was soll's, ich reite dich auch so«, sagt er, zieht mir den Dildo raus und rammt mir direkt seinen Schwanz rein.

Ich frage mich, ob er sich an die Kondom-Absprache hält. Ich bin so feucht, dass ich es nicht spüre. Je länger er mich rammelt, dabei halb auf mir liegt und meine Brüste bearbeitet, desto mehr merke ich, dass er doch ein Kondom an hat. Er muss ein paar Mal Gleitmittel nehmen, damit es nicht unangenehm wird. Dann drückt er mich mit einer Hand in meinem Nacken herunter, fickt mich schneller und sein Stöhnen wird lauter. Noch ein paar tiefe Stöße und er zuckt in mir. Er bricht auf mir zusammen, ich kann sein Gewicht nicht halten und zusammen sinken wir auf das Bett. Nach kurzer Zeit spüre ich seine Hand, die das Kondom festhält, während er sich aus mir herauszieht. Auch diesmal marschiert er einfach raus, ohne noch etwas zu sagen.

Das war ja jetzt nicht so toll. Eher ein durchschnittlicher Quickie. Ich fühle mich benutzt. Aber irgendwie nicht auf erregende Weise, nicht so, wie ich mir das vorher vorgestellt hatte. Ich lasse mich wieder auf das Bett sinken. Als Nächstes wird mein Po dran sein und der schüchterne Typ von vorhin. Darauf freue ich mich fast. Sicher ist er vorsichtig. Nach einer Weile höre ich leise Schritte auf der Treppe. Jemand betritt den Raum und die Tür wird sacht geschlossen.

»Hallo, wie geht's dir?«, höre ich und fühle eine Hand, die vorsichtig über meinen Rücken streicht. »Ich bin der Dritte, also du weißt ja, was das heißt.« Er macht eine Pause.

Ich spüre, wie er sich auf die Bettkante setzt und höre ihn atmen. Ich würde gern antworten, aber ich hab versprochen, nicht zu reden. Stattdessen wende ich mich so gut es geht der Stimme zu und nicke.

»Wenn du es nicht möchtest, dann mache ich es nicht«, sagt er.

Aber ich höre die Erregung in seiner Stimme und seine Hand, die mittlerweile über meine Schultern und meinen Nacken streicht und knetet, packt kurz fest zu. Er atmet einmal tief ein und aus, dann gleitet seine knetende Hand nach vorn und findet meine Brüste.

»Aber der Robert meinte, ich kann das ruhig machen. Du magst das auch eigentlich, weil du eine kleine ... naja, also das sagt er halt, geile Schlampe bist. Magst du das wirklich? In den Pornos gefällt mir das auch immer total. Also es macht mich immer total an, wenn die Mädels in den Arsch gefickt werden.«

Ich spüre jetzt seine beiden Hände, die mich an der Taille so drehen, dass nun meine Kehrseite ihm zugewandt ist. Er legt sich hinter mich und presst sich an mich. Er ist nackt – wo und wie hat er sich denn ausgezogen? – und ich spüre seinen Schwanz an meinem Hintern, der schon eine feuchte Spitze hat. Er streichelt weiter meine Brüste, und eine Hand wandert tiefer, meinen Bauch hinunter zwischen meine Beine. Er reibt meinen Kitzler und flüstert mir ins Ohr, dass er es geil findet, dass mich die beiden anderen schon gefickt haben.

»Du bist wirklich eine kleine Schlampe, oder?«

Seine Hand wandert zu meiner Spalte, die mittlerweile wieder feucht ist, und streicht über meinen Po, tastet sich zwischen meine Pobacken vor. Dass dort etwas steckt, scheint ihn zu überraschen. Er rückt von mir ab und nimmt beide Hände, um an den Vibrator zu kommen und ihn etwas aus mir herauszuziehen. Dann schiebt er ihn wieder rein. Langsam fickt er mich mit dem Plastikteil und ich höre, wie sein Atem dabei schneller geht. Seine Erregung steckt mich an und ich stöhne ebenfalls auf. Er zieht den Vibrator heraus und ich höre das *Ritschratsch* einer Kondomverpackung, fühle dann seine Eichel an meinem engsten Loch. Zentimeter für Zentimeter schiebt er seinen dicken Schwanz in mich. Ich wusste, dass er vorsichtig sein würde und bin dankbar dafür. Auch so habe ich das Gefühl, er reißt mich mit seinem Ding nicht gleich komplett auf. Seltsamerweise erregt mich das nur noch mehr und ich dränge mich ihm und dem Schmerz entgegen. Als er ganz in mir steckt, bewegt er sich erst einmal nicht. Dann schlingt er seine Arme um mich und zieht mich an sich. Ich fühle seinen heißen Atem in meinem Nacken. Er fängt an, meine Brüste zu streicheln und dann finden seine Finger meine Klitoris. Ganz langsam zieht er sich aus mir heraus und schiebt seine Hüften vor. Wie schon eben, erregt er mich sehr schnell mit seinen Fingern. Ich keuche und will mehr als diese langsamen Stöße. Also komme ich ihm mit meinen Hüften entgegen, zeige ihm, dass ich gefickt werden will.

»Es gefällt dir«, keucht er in mein Ohr und wird heftiger und schneller.

Auch seine Finger bewegen sich schneller, kitzeln mich immer weiter. Ich hätte nicht gedacht, dass es so geil wird.

»Oh Gott, das ist so geil«, flüstert er an meinem Hals, als hätte er meine Gedanken gelesen. »Ich muss kurz aufhören, ich komme sonst.«

Seine Finger gönnen meiner Klitoris keine Pause und er bearbeitet auch noch mit seinen Lippen die empfindliche Stelle an meinem Nacken unter meinem Ohr. Schon bald bin ich Wachs in seinen Händen, nur noch auf meine Lust konzentriert. Immer wieder stoppt er und fängt dann wieder an, mich zu stoßen. Es scheint, als wolle er einfach nie kommen. Dafür kommt es mir.

Ich kann einfach nicht mehr, werde immer lauter und stöhne: »Ja, ja ...«, vergessend, dass ich eigentlich nicht reden darf. Als mein Stöhnen noch lauter wird, werden auch seine Stöße heftiger und ich höre ihn in meinem Nacken flüstern, dass ich tatsächlich eine kleine geile Schlampe bin, dass es mir gefällt, in den Arsch gefickt zu werden und als ich endlich komme, dass er mich zucken spüren kann. Er pumpt mittlerweile schnell und kompromisslos in meinen Arsch und auch seine Stimme ist lauter geworden, seine Hemmungen scheinen verschwunden zu sein.

Und plötzlich ruft er: »Oh Gott, das ist so geil! Ich komme, du kleines dreckiges Stück! Ich spritz in deinen Arsch ...«

Ganz tief stößt er in mich und verkrampft sich, während er pumpt.

Hinterher entschuldigt er sich, zieht sich ganz vorsichtig aus mir heraus und tupft mich mit einem Taschentuch ab, bevor er das Zimmer verlässt.

Ziemlich erschöpft liege ich da. Wow, das war besser, als erwartet.

***

So langsam werde ich doch ein bisschen eifersüchtig, als meine Kumpels einer nach dem anderen zu Dir gehen und sich abklatschen, wenn sie zurück ins Wohnzimmer kommen. Eigentlich hatte ich gedacht, dass es mich richtig geil macht, wenn ich Dich meinen Kumpels ausliefere und Dich benutzen lasse. Ich steh auf den Gedanken, dass Du eine kleine benutzbare Schlampe bist. Aber aktuell reicht mir das Kopfkino nicht so richtig, ich fühle mich ausgegrenzt.

Bei dem letzten Fick wird es richtig laut und als ich mir vorstelle, wie mein Kumpel es Dir grad in den Arsch besorgt und Du offenbar darauf stehst und ihn dazu gebracht hast, mal seine Drecksauseite rauszulassen, muss ich mich ein bisschen zurückhalten, um nicht hochzugehen.

Die anderen merken das natürlich und ziehen mich damit auf. Sie erzählen mir, wie geil und willig Du mitgegangen wärst und dass Du wohl jetzt den Rest bekämst ... Schade, denn für mich wäre dann wohl nichts mehr übrig.

Schließlich kommt die zündende Idee, natürlich von meinem Freund mit der meisten Erfahrung, gerade auch im BDSM-Bereich, dessen Rat ich mir im Vorfeld auch schon eingeholt habe: »Wir hätten sie hier unten an den Tisch binden sollen, dann hättest du dir wenigstens beim Zuschauen einen runterholen können ...«

Er merkt sofort, wie ich drauf anspringe. Ein paar Handgriffe und wir sind bereit für ein neues Setting. Was wirst Du dazu sagen?

***

Ich muss ein bisschen weggedämmert sein. Ich wache davon auf, dass meine Fesseln gelöst werden und setzte mich auf. Du nimmst mir die Augenbinde ab und schaust auf mich herunter. Was wirst Du jetzt sagen? Ist alles in Ordnung zwischen uns? Immerhin habe ich Dich gerade betrogen.

»Ab ins Bad mit dir, mach dich sauber«, höre ich und erbebe. »Ich warte hier auf dich, also mach zu«, sagst Du. »Wenn du sauber bist, legst du die Augenbinde wieder an und ich führe dich nach unten, zur allgemeinen Benutzung.«

Ich schlucke. Das war so nicht abgesprochen. Etwas verunsichert stehe ich auf. Du ziehst mich an Dich, packst mein Haar mit der Dir so eigenen besitzergreifenden Geste und küsst mich.

»Ich kann es nicht erwarten, dich vor den anderen zu ficken und zu sehen, wie sie dich ficken«, sagst Du und ich spüre, wie hart Du bist.

Es flattert in meiner Magengrube, und als Du mich loslässt, fliege ich ins Bad.

***

Ich habe am Glänzen Deiner Augen gesehen, dass auch Dich die Vorstellung kickt, jetzt vor den anderen gefickt zu werden. Als Du aus dem Bad zurückkommst, lege ich Dir die Augenbinde wieder an. Dann greife ich Dir zwischen die Beine, vorgeblich um zu prüfen, ob Du Dich brav sauber gemacht hast. Ich reibe Deine intimste Stelle, bis Du Dich haltsuchend an mich lehnst. Dann packe ich rüde Deinen Arm und bugsiere Dich die Treppe runter.

»Gefickt wirst du vor den anderen«, zische ich Dir zu. »Die warten schon auf uns.«

Ich führe Dich zu dem von uns schnell in die Raummitte geschobenen Tisch. Eins unserer Sofakissen liegt darauf. Ich positioniere Dich an der Längsseite, drücke Dich bäuchlings darauf, spreize Deine Beine und stecke ihn Dir rein. Während ich Dich vögele, postieren die anderen sich an den drei weiteren Tischseiten. Sie ziehen Deine Arme an die Kanten, damit Du ihre Schwänze reibst. Mir gegenüber bekommst Du einen schönen fetten Schwanz zum Lutschen. Die Situation macht mich sehr geil, ich muss mich zurückhalten, um nicht direkt in Dich abzuspritzen. Aber wir wollen ja auch, dass noch andere Dich benutzen können. Ich ziehe meinen Schwanz raus und mache eine kurze Pause, während ich die Szenerie beobachte. Dann stecke ich ihn wieder rein, diesmal in Deinen Arsch. Langsam und genüsslich, immer am Rand des Orgasmus, ficke ich Dich und schaue dabei zu, wie Du meinem Kumpel einen bläst und zwei anderen Kumpels einen runterholst. So hatte ich mir das vorgestellt. Meine Freundin, das fickgeile Stück, wird benutzt. Wir wechseln die Positionen. Soll ja jeder was von Deinen Löchern haben.

Wir drehen Dich auf den Rücken und ich besorge es Dir mit dem »Magic-Wand«-Massagestab, während Du fleißig weiterbläst und Deine Nippel bearbeitet bekommst. Das gefällt Dir, Du kommst gleich zweimal und bittest dann um Gnade. Wir schauen, wer von uns Dich zum Abspritzen kriegt.

Wir führen Dich rüber zum Sofa, da ist es bequemer und wir können mehr variieren. Ich setze Dich auf mich drauf und vögel Dich in die Fotze, meine Kumpels wechseln sich an Deinem Arsch und Deinem Mund ab. Wer als erstes abspritzt, hat verloren.

***

Sie ficken und besteigen mich, nehmen mich immer wieder, ich kann nicht mehr unterscheiden, wer wer ist, und sie haben aufgehört, mit mir zu reden. Wenn sie wollen, dass ich eine neue Position einnehme, bewegen sie meine Gliedmaßen, ziehen oder schieben mich, fassen mich am Haar und zeigen die Richtung. Es ist wie ein Rausch. Schließlich hören die Berührungen auf. Ich höre Deine Stimme, wir sind wieder allein.

***

Ich betrachte Dich, wie Du so vor mir liegst, auf der Sofalehne, den Arsch hochgestreckt, sodass man Deine beiden geweiteten und feucht glänzenden Löcher sieht.

»So gedehnt gefällt mir dein Arschloch sehr gut«, sage ich. »Ich muss die Jungs öfter mal einladen, damit sie dich anal durchnehmen, aber der letzte Schuss gehört mir. Schließlich wäre es schade, wenn du gar keine Ladung Wichse in den Arsch bekämst.«

Ich schiebe meinen Schwanz in Deinen Arsch. Du stöhnst nur noch leise, mittlerweile bist Du ohnehin heiser. Zärtlich und tief ficke ich Dich. Rekapituliere dabei noch einmal, was meine Freunde und ich heute alles mit Dir kleinen Schlampe angestellt haben. Nicht lange, und ich komme. Ich lasse meinen Schwanz noch in Dir, nehme Dir die Augenbinde ab und streiche Dir Dein verschwitztes Haar aus der Stirn. Du blinzelst in das helle Licht. Ich gebe Dir einen zärtlichen Kuss auf den Mund, dann ziehe ich Dich an mich.

»Ruh dich aus, mein Engel«, sage ich und streichle Dir dabei sanft den Rücken.

***

Während Du mich fickst, denke ich noch einmal daran, was Deine Freunde und Du heute alles mit mir gemacht haben. Du wirst schneller und dann fühle ich, wie Dein Sperma heiß in meinen Po flutet. Du bleibst tief in mir und nimmst mir die Augenbinde ab. Meine Augen sind lichtempfindlich und ich blinzle, um Dir ins Gesicht zu sehen. Wie stehen die Dinge nun zwischen uns? Sanft streichst Du über mein Gesicht und küsst mich.

Dann liegen wir gemeinsam auf dem Sofa und ich fühle mich geborgen. Gleich werde ich unter die Dusche gehen, aber noch will ich einfach nur hier bei Dir liegen. Meine Gedanken wandern zurück zu den letzten Stunden. Welche Deiner Freunde waren es? Was, wenn wir uns einmal ganz zufällig bei einem Treffen im Freundeskreis wiedersehen? Da sind drei Männer, die mich gefickt haben, ohne dass ich weiß, wer sie sind und wie sie aussehen. Bei dem Gedanken daran beiße ich mir auf die Lippen und drücke meine Beine aneinander, weil es schon wieder in meiner Spalte prickelt.

9. SexParty

Wir sitzen im Zug nach London – meine Freundin Sarah und ich. Draußen wird es langsam dunkel. Unsere Köpfe, die über dem Tisch zwischen uns zusammentreffen und dann wieder auseinandergehen, wenn wir in Lachen ausbrechen, spiegeln sich in den Scheiben. Blond und Rot. Zwei junge Frauen. Die auf dem Weg nach London sind, um ein schönes Wochenende zu verbringen und um einen bestimmten Sex-Club zu besuchen. Für mich ist dieser Partybesuch keine Premiere.

Nachdem ich auf diversen Partys in Liverpool war, will ich nun endlich einmal den großen Sex-Club in London besuchen.

***

Ein Jahr zuvor …

Auf die Partys in Liverpool hatte mich eine Affäre gebracht. Seit meiner Scheidung lehnte ich feste Beziehungen ab, stattdessen hatte ich den Casual-Sex entdeckt, unverbindlich, unter Erwachsenen, Freundschaft nicht ausgeschlossen, aber alles ohne Zwang und ohne, dass es »irgendwohin führen« muss. Irgendwann in der sexuellen Experimentierphase erwachte dann auch die Neugier auf BDSM. Nach ersten guten und auch schlechten Erfahrungen war bald klar, das war mehr, als nur eine Phase. Über ein Internetportal stieß ich auf eine Party, die regelmäßig in meiner Nähe, in Liverpool, stattfand. Eine Party für Hedonisten und sexuell aufgeschlossene Paare und Singles, das Ganze untermalt mit elektronischen Beats. Dort wollte ich hin. Aber nicht allein. Allerdings hatte ich auch gerade keine passende Begleitung unter meinen Bekannten. Aber dafür gab es ebenfalls Möglichkeiten im Internet. Ich fand Chris, beziehungsweise, er fand mich … Er hatte BDSM-Erfahrung, eine offene Beziehung mit einer Freundin in London und war schon mehrfach auf Sex-Partys gewesen.

Wir hatten uns für unser erstes Treffen auf dem Weihnachtsmarkt verabredet. Ich schaute mich bei den Buden nach dem vereinbarten Treffpunkt um, suchte nach einem großen blonden Typen mit rasierten Seiten und einem Zopf im langen Haupthaar. Einer der hip gekleidet, tätowiert und gepierct war. Genau mein Typ also. Ich stehe auf ungewöhnliche Menschen. Plötzlich tippte mir jemand auf die Schulter. Ich drehte mich um und da stand er. Blonder Bart und ein Nasenring, nettes Lächeln. Er war mir sofort sympathisch. Ich trank einen Glühwein, er einen Kinderpunsch. Alkohol trank er nicht. Wir unterhielten uns. Er gefiel mir gut und ich bekam dieses Bauchgefühl, das sagte, dass ich neugierig auf Sex mit ihm war. Ich hoffte in dem Moment, dass ich ihm auch gefiel. Nicht nur wegen der Begleitung zur Party.

***

Heute ...

Für den Besuch in London habe ich nicht nach einer Begleitung suchen müssen. Sarah ist noch nie auf einer Party dieser Art gewesen und nun neugierig auf die Mischung aus Elektro, Fetisch und Swinger-Party. Wir fühlen uns sehr verrucht ... Also trinken wir uns schon im Zug nach London etwas Mut an.

Als wir ankommen, liegen zwei leere Weinflaschen im aufgeklappten Tischmülleimer. Wir nehmen unsere Koffer und steigen aus dem Zug aus. Rein äußerlich ähneln wir uns. Sarah ist etwas kleiner, dafür habe ich die größeren Brüste. Beide schwanken wir aber ganz leicht. Gut, dass wir Jeans, Pulli und Turnschuhe tragen und keine Absätze.

Durch das dunkle London fahren wir in unser Hostel, das wir absichtlich nahe am Club gewählt haben. In unserem Zweierzimmer ziehen wir uns um und stylen uns auf. Halterlose Strümpfe und hohe Schuhe natürlich. Dazu habe ich meine Ledercorsage an und einen kurzen Rock. Wenn ich mutig genug bin, will ich den nachher weglassen und nur die Stringpanty tragen. Sarah hat ein ziemlich durchsichtiges Kleidchen an. Wir sehen auf jeden Fall zum Anbeißen aus, entscheiden wir.

***

Wieder ein Jahr zuvor ...

Die Ledercorsage kaufte ich anlässlich meines ersten Besuchs der Sex-Party in Liverpool. Ein Korsett oder eine Corsage zu tragen, war ein Vorschlag von Chris. Ich hatte ihm bei unserem ersten Treffen gefallen. In der Metro nach Hause bekam ich eine Nachricht von ihm. Wir begannen, zu planen, buchten ein Hotelzimmer in Liverpool, außerdem Zugtickets. Wir verabredeten uns für einen Nachmittag, um gemeinsam ein Korsett zu kaufen, und gingen gleich in den ersten Laden – eine Mischung aus Sexshop und Lingerie. Ich probierte einige der Corsagen an. Zwischen uns prickelte es gewaltig, wenn ich den Vorhang zur Seite zog und ein neues heißes Stück präsentierte. Das ein oder andere Teil sah auch schon ganz gut aus, allerdings erfuhren wir auch, dass die Maßanfertigung der Teile eventuell ein paar Wochen dauern konnte und so viel Zeit hatten wir nicht. Wir mussten ein auf Anhieb perfekt passendes Teil finden. Der nächste Laden hieß »Sündige Mode«, eine kleine Perle mitten in der Innenstadt.

Mit drei, vier Corsagen und der sehr hübschen Verkäuferin, einer Schwarzhaarigen im Rockabilly-Stil, verschwand ich in der Kabine. Als Erstes die Ledercorsage. Ich zog mich obenrum aus und nahm Blickkontakt im Spiegel mit der hinter mir stehenden Schönen auf. Sie schlang die Corsage von hinten um mich und begann zu schnüren. Dabei drehten wir uns zum Vorhang und ich zog ihn auf. Chris Gesicht leuchtete auf. Ich fuhr mit meinen Händen an meinen Seiten auf und ab. Das fühlte sich fantastisch an! Plötzlich fuhren zwei weitere Hände über meine und über meinen Körper. Die der

Rockabily-Verkäuferin. Mir wurde ganz heiß. Wir waren uns alle einig, die Corsage war es. Die anderen mussten gar nicht mehr anprobiert werden.

»Alles klar«, sagte die Verkäuferin, fasste von hinten um mich herum und öffnete mit geschickten Fingern die vorderen Schließen der Corsage.

Nach kaum fünf Sekunden stand ich mit nacktem Oberkörper vor Chris, der mir weiterhin fest in die Augen sah. Ich bedeckte meine Brüste mit den Armen und drehte mich um. Dabei traf mein Blick den der Verkäuferin hinter mir. In ihren Augen spiegelte sich Überraschung.

»Oh, ups ...«, sagte sie, »ich dachte, ihr seid ein Paar?«

»Nein, sind wir nicht«, gab ich zu. Wir waren ja noch nicht einmal miteinander im Bett gewesen ...

Das änderte sich allerdings noch vor der Party. Ich hatte Chris bei ihm zu Hause besucht. Wir sahen gemeinsam einen Film. Einen Horrorfilm natürlich. Ich gruselte mich und Chris schmunzelte darüber. Ich fragte mich, wie es zum Sex kommen sollte. Dass es passieren würde, war keine Frage, zwischen uns prickelte es und Chris hätte mich nicht zu sich nach Hause eingeladen und ich wäre nicht zu ihm nach Hause gekommen, wenn nicht ... Die einzige Frage war das Wie? Darauf war ich neugierig. Bin ich immer.

Chris nahm meine Hand, zog sie an seine Brust und hielt sie dort fest. Ich war überrascht. Chris war dominant und ich devot, allerdings noch ohne viel Erfahrung. Das sollte sich, unter anderem durch Chris, ändern. Die Romantik und Zärtlichkeit der Geste berührte mich. Das hatte ich nicht erwartet. Eine gewisse Anspannung fiel von mir ab. Bald küssten wir uns und die Kleider fielen. Chris war dominant, er packte zu, er gab den Ton an. Mir gefiel es. Mehr und mehr ließ ich mich fallen. Beim Griff in seine Hose gab es noch eine

Überraschung. Bei all den Tattoos und Piercings an Chris war natürlich damit zu rechnen gewesen. Aber er hatte nicht nur einen sogenannten Prinz Albert, also einen Ring durch seine Vorhaut, sondern auch mehrere Kugeln unter der Haut seines Schwanzes. In der ersten Verblüffung ließ ich los und zog meine Hand wieder zurück. Ich musste wohl große Augen gemacht haben. Chris lachte.

Ich ging erneut auf Erkundung.

Chris war mir sympathisch und er war das, was ich »natürlich dominant« nennen möchte. Er brauchte keine besonderen Maßnahmen, um mich zu unterwerfen. Ich tat es einfach und überließ ihm die Führung und mich. Es ergab sich ganz natürlich. Er zog keine große Show ab. Wozu auch. Er hielt mich einfach fest, während er mich fickte. Das war schon genug. Ich saß auf ihm, er hatte meine Hände auf meinem Rücken umfasst und stieß zu. Plötzlich spürte ich, wie zusätzlich zu seinem Schwanz noch etwas in mich eingeführt wurde. Es war unangenehm, weil einfach nicht genug Platz da war.

»Was machst du?«, fragte ich. »Was ist das?«

»Ein Toy«, sagte er, »damit du besser ausgefüllt bist und alles spürst.«

»Ich bin ausgefüllt genug. Das tut eher weh«, sagte ich.

Das schien ihn zu überraschen und er legte das Ding zur Seite. Ich konnte nie herausfinden, woher seine Vorstellung, eher klein zu sein, kam.

»Wieso sonst würde ich ihn so schmücken«, sagte er einmal zu mir und meinte die Modifikationen, also den Ring und die Kugeln. Vergeblich versuchte ich ihn zu überzeugen, dass er eher gut bestückt war – auch ohne weitere Hilfsmittel.

Er war, typisch für dominante Männer, auch sehr daran interessiert, dass ich auf meine Kosten kam. Er fesselte meine Arme an seine Bettpfosten und leckte mich. Aber es war eher schwer für mich, so zum Orgasmus zu kommen. Vor allem, weil es mir immer irgendwie unangenehm war, wenn der andere sich darum bemühte. Am liebsten würde ich dann sagen: »Bitte mach dir doch nicht solche Umstände meinetwegen. Ich will dir wirklich keine Arbeit machen.« Als wäre ich zu Besuch bei jemandem, der wegen mir aufräumt.

Es klappte jedenfalls bei diesem ersten Mal einfach nicht und ich bemühte mich auch, ihn davon abzubringen. Dann nutze er die gute Gelegenheit und fickte mich, während meine Arme noch über meinem Kopf gefesselt waren. Meine Beine legte er sich auf die Schultern, sodass ich komplett unter ihm gefangen war, während er immer heftiger zustieß. Zum ersten Mal bekam ich ein Gefühl völliger Hilflosigkeit beim Sex.

Er konnte jetzt alles mit mir machen. Es erregte mich, wie mich noch nie vorher etwas erregt hatte und ich gab mich dem Gefühl ihn. Dazu kam, dass sein Schwanz meinen G-Punkt stimulierte, sodass ich bald bei jedem Stoß stöhnte. Dann plötzlich wurde es zu viel. Ich musste Chris bitten, aufzuhören.

Sofort zog er sich zurück. Ganz selbstverständlich, ohne den geringsten Vorwurf. Er band mich los und wir machten einfach in einer anderen Stellung weiter.

Das hat mir damals mehr als alles andere Vertrauen in ihn eingeflößt.

***

Die geplante Sex-Party in Liverpool fand am dreißigsten Dezember statt. Ich wollte Weihnachten bei meiner Familie verbringen, deshalb verabredeten wir, uns im Hotel in Liverpool zu treffen.

Als ich ankam, war Chris schon da. Allerdings war er nicht allein auf seinem Zimmer. Eine alte Freundin war dort, die auch später mit uns zur Party kommen wollte. Sie hieß Eva.

Erst war ich irritiert. Aber sie gefiel mir bald gut, war fröhlich und plauderte so ohne alle Hemmungen oder Zurückhaltung über Sex und die Partys – welche sie schon oft besucht hatte –, sodass ich sie einfach sofort ins Herz schließen musste.

»Weißt du denn schon, was du anziehst?«, fragte sie und fügte hinzu: »Ich weiß nie, was ich anziehen soll. Bei meiner ersten Party war es am Schlimmsten. Schließlich bin ich dann einfach nackt mit einer Perlenkette und hohen Schuhen gegangen.« Sie lachte.

Huh mutig, dachte ich und lächelte sie an. Dann erzählte ich ihr von meinem Outfit und war froh, dass sie es absolut passend fand.

»Leder geht immer und Corsagen auch«, ermutigte sie mich.

Chris führte uns ein neues Spielzeug vor, das er sich angeschafft hatte. Ein unterarmdickes konisches Teil, an einem Ende etwas länger, am anderen etwas dicker. Ich dachte erst an einen sehr komisch geformten Dildo. Das Ding vibrierte jedoch, und zwar stark. Es war ein Auflege-Vibrator.

Eva ließ es fast fallen und brach in Kichern aus. Ich legte nur kurz meinen Finger darauf. Seine Freundin empfand es wohl als zu intensiv und wollte nicht mehr, dass er damit in ihre Nähe kam.

Ich fragte mich, wie sich das Ding wohl an meiner Klitoris anfühlen würde und ob ich später die Chance bekam, es herauszufinden.

Da Chris ein großes Doppelzimmer gebucht hatte, wollten wir uns dort umziehen. Eva ließ einfach alle ihre Hüllen fallen und stand nackt wie ihre Namensvetterin vor uns. Dann zwängte sie sich in eine äußerst enge Latexhülle.

»Schminke und hohe Schuhe«, sagte sie grinsend, »und fertig.«

Meine Corsage gefiel ihr genauso gut, wie mir, als sie sie sah. Sie half mit Begeisterung beim Schnüren und bot mir

Hilfe beim Schminken an. Äußerst willkommen, da ich mich selbst eigentlich nie schminkte und extra für diesen Anlass gemeinsam mit meiner Schwester das Nötigste gekauft hatte. Nur muss man es eben auch auftragen können ... Eva wischte kurzerhand das Meiste wieder ab und begann von vorn. Das Ergebnis konnte sich tatsächlich sehen lassen.

Chris wollte ebenfalls Latex tragen. Einen Anzug, den seine Freundin entworfen und hergestellt hatte. Sie machte so etwas beruflich. Ich lernte, dass Latex nicht genäht, sondern geklebt wird. Der Anzug hatte lauter Druckknöpfe, an denen wir später LED-Ketten befestigen würden. Chris sah damit aus wie das Model, das er nebenbei auch tatsächlich war. Mein Outfit, die Ledercorsage und ein kurzer Rock, waren dagegen eher zahm. Darüber trug ich einen Mantel. Da es so eiskalt war, hatte ich mir eine weite Jeans über den Rock gezogen.

So standen wir in einer langen Reihe in der Schlange vor der Location, wo die Party stattfand. Ich war froh um meine beiden erfahrenen und selbstbewussten Begleiter. Bald stieß noch ein bekanntes Pärchen hinzu. Eva hatte versprochen, zusätzlich zu Chris ebenfalls ein Auge auf mich zu werfen. Ihr machte die Vorstellung Freude, mich in die Welt des Fetischs und Hedonismus einzuführen. Gemeinsam und gutmütig machte man sich über Neulinge, wie mich, lustig und erzählte Anekdoten über die kuriosen Situationen, in die andere anlässlich ihrer ersten Erfahrungen schon gekommen waren. Ich lachte mit. Die größte Sorge, die alle hatten, war, dass wir eventuell nicht hineinkommen würden. Die Türsteher wären sehr, sehr streng.

Ein weiterer Grund für mich, über meine beiden Begleiter froh zu sein. Vielleicht konnte ich an der Seite solch schillernder Paradiesvögel einfach durchrutschen? Weil es so kalt war, war die Wartezeit kein Vergnügen, obwohl wir alle lange Mäntel und Hosen trugen. Auch Eva hatte ihr Latexkleid wieder gegen warme Kleidung eingetauscht. Sie würde sich dann vor Ort umziehen.

Doch andere waren nicht so diskret oder wetterempfindlich. Die meisten in der Schlange sahen ganz klar nicht nach Straßenlook aus, eher nach Orgie. Einige trugen Masken. Bei vielen waren schon die Kostüme zu erkennen, die mehr entblößten als verhüllten.

Zwei Plätze vor uns stand ein Mann, der trotz der Temperaturen nur ein Lackhöschen trug – und High Heels.

Ein Pärchen in Straßenkleidung blieb neben uns stehen und fragte, was es mit der Schlange auf sich hätte und was denn hier Besonderes los wäre? Ich konnte nicht widerstehen, und erzählte ihnen, dass alle, die bis nach vorn durchkämen, kostenlos eine Waschmaschine und einen Trockner bekommen würden.

»Oh«, sagte das Mädel zu ihrem Begleiter, »los, da stellen wir uns auch an.« Sie zog ihn in Richtung des nicht sichtbaren Endes der Schlange.

Hatten sie das jetzt wirklich geglaubt? Ich blickte ihnen nach, wie sie einem Mann in einem Kilt, mit nacktem Oberkörper und einer Federboa auswichen, der neben der Schlange zu einer Musik tanzte, die nur er hörte. Kaum vorstellbar!

***

Heute ...

So kalt wie damals in Liverbool ist es heute hier in London nicht, es ist Sommer und im Gegenteil sehr warm. Dennoch ziehen wir für den Weg zum Club natürlich etwas über.

Erst finden wir den Eingang nicht. Wir vermuten etwas Verstecktes, werden jedoch von Passanten darauf aufmerksam gemacht, dass sich der Eingang ganz offen um die Ecke befindet. Wieso auch nicht. Das Gebäude liegt etwas zurückgesetzt und der Weg zum Eingang führt durch einen kleinen Vorgarten, gesäumt von Fackeln und einigen alten Gartenstühlen.

Sieht irgendwie nach Schrebergarten aus, denke ich. Außerdem ist es auch nicht das verschwiegene unauffällige Tor, das wir erwartet haben. Es gibt auch keine Schlange.

Hinter der Tür treffen wir auf eine Türsteherin, die von zwei Securitys unterstützt wird, und einen sehr großen Garderobenbereich. Schon eher so, wie wir uns das vorgestellt haben. Wir werden gefragt, ob wir wissen, welche Art Party das hier ist. Das ist doch schon mal vielversprechend. Wir zahlen den Eintritt und geben unsere Mäntel an der Garderobe ab.

Wir schauen uns verschwörerisch und voller Vorfreude an. Am besten, wir holen uns erstmal ein Bier und schauen uns ein bisschen um.

Der Gang hinter der Garderobe ist am Ende mit herabhängenden Streifen aus fast durchsichtigem Plastik verhängt. Wir drücken die duschvorhangähnliche Konstruktion zur Seite und stehen in einer Art Vorraum, mit einigen Sitzbänken, von dem mehrere Durchgänge abgehen. Einer führt nach draußen – oh, sie haben einen Pool! –, einer führt zu den Toiletten und aus dem nächsten Gang schallen uns stampfende Elektrobeats entgegen.

Den nehmen wir und landen auf einer Tanzfläche. Die Beleuchtung ist deutlich schwächer, Nebel wabert, ab und an gibt es Lichtblitze. Aus vereinzelten inselartigen Emporen auf der Tanzfläche ragen Stangen bis zur Decke. An manchen winden sich Leiber. Es herrscht eine ausgelassene Atmosphäre. Alle scheinen sich bewusst, einem exklusiven Club an einem besonderen Ort anzugehören. Die Leute haben sich herausgeputzt. Weit mehr, als man in einem gewöhnlichen Club selbst in London erwarten würde. Viel nackte Haut, viel Schminke. Männer in Frauenkleidung mit Perlenketten. Dunkle und schrill-bunte Kleidung.

Federboas und Kampfstiefel. Dress to impress, dress to shock! Sie tanzen miteinander und füreinander. Blicke kreuzen sich, man sieht und will gesehen werden. Spannung liegt in der Luft. Spannung auf das, was bald passieren wird, später in der Nacht.

Wir bewegen uns über die Tanzfläche, suchen die Bar und finden sie hinter einem Fransenvorhang. Anschließend streifen wir weiter durch die Räume und schauen uns ein wenig um.

Eine Etage tiefer gibt es eine weitere Tanzfläche, auch Emporen und Nischen – alles ist verwinkelt, abgehängt. Mir geht es den ganzen Abend so, dass ich die Gesamtheit der Räume nie richtig durchschaue. Ob es an meinem schlechten Orientierungssinn liegt oder Absicht ist ... Ich weiß nie ganz genau, wo ich mich befinde oder wohin ich komme. Ich bin auf alles gefasst und auch bereit, Sarah zu unterstützen, falls es ihr zu viel wird.

Die Elektro-Beats sind gut. Es ist auch schon ganz gut voll. Aber sexuelle Aktivitäten beobachten wir erstmal nicht. Auf den Toiletten wird darauf hingewiesen, dass man diese nicht für Sex nutzen soll. Den Hinweis »Hier kein Sex« interpretieren wir so, dass das für den Rest des Clubs nicht gilt. Sicher wird es also später wilder. So können wir uns aber erstmal akklimatisieren, ohne gleich mit nackten Tatsachen konfrontiert zu werden.

***

Wieder ein Jahr zuvor ...

Ich erinnere mich noch gut, dass es mir in Liverpool damals ganz anders erging. Als wir endlich zur Tür vorgerückt waren, kamen wir wider Erwarten einfach rein. Wir zeigten, was wir »drunter« hatten – Latex und Leder waren sehr willkommen – und kamen schnell durch die Tür.

Chris erhielt sogar noch ein Kompliment für sein Aussehen. Kaum waren wir drin, quasi noch im Hereingehen, entledigte sich ein Typ vor uns blitzschnell aller Kleidung, bis auf einen kleinen Lederharnisch um seinen Schwanz, den er uns, sich stolz zu uns herumdrehend, präsentierte.

Ich bekam Schnappatmung, der Typ einen Steifen. Chris und Eva schmunzelten und zogen mich weiter.

In der Unisex-Umkleidekabine nestelte ich mich umständlich aus Mantel und Hose, während Eva erneut komplett blank zog und sich in ihr Latexkleidchen wand. Die restlichen Sachen gaben wir zusammen an der Garderobe ab.

Dann betraten wir den großen Hauptraum.

Ein gewölbeartiger Raum mit hohen Rundfenstern, die heute blickdicht verhängt waren. Durch das herrschende Dämmerlicht sah man den vermutlich etwas abgewrackten Zustand des Gebäudes nicht. An den Wänden hingen in fluoriszierender Farbe gemalte erotische Bilder. Alte Stummfilme wurden hier und da an die Wände projiziert. Auf der Tanzfläche wogte und stampfte die Menge zu Elektro-Beats. Die Leute trugen Lack, Leder, Latex oder fantasievolle Kostüme. Männer in Fracks, Frauen in Schulmädchenoutfits oder andersherum, Reizwäsche, Oberteile aus Kettenmaschen, die kaum etwas verhüllten oder einfach wenig bis nichts. Menschen wurden an Leinen geführt. Andere trugen Gerten oder Peitschen mit sich. Viele knutschten und befummelten sich ungeniert. In der Mitte des wogenden Getümmels stand ein aktuell unbenutzer Gynstuhl. Meine Augen wurden immer größer.

Wir holten uns erstmal etwas zu trinken, dann stellten wir uns an den Rand der Tanzfläche. Je mehr ich dem Treiben zusah, desto mehr gewöhnte ich mich an die Vorstellung, dass hier alles zur Schau gestellt und vorgeführt wurde.

Ich dachte: *Na und, sollen die Leute doch rumlaufen, wie sie wollen und Sex auf der Tanzfläche haben. Ist doch spannend zuzuschauen.*

Wir gingen Tanzen. Chris und Eva, die die ganze Zeit neben

mir blieben, machten mich ab und an auf Highlights in unserer Nähe aufmerksam. Der Gynstuhl wurde erobert. Ein Pärchen hatte neben uns Sex. Eine Dame tanzte und unter ihrem kurzen Rock schauten Lederstreifen hervor. Ich sah zum zweiten Mal hin, dann zum dritten Mal, dann verstand ich, dass ich das Ende einer Lederstriemen-Peitsche sah, und mir ging auf, wo der Knauf sich derzeit befand. Die Dame begann mit ihren Begleitern zu knutschen. Die drei hörten auf zu tanzen und standen in einem engen Kreis. Ich sah schnell weg.

***

Heute …

Sarah und ich gehen auf eine der Emporen, weil wir denken, da wäre es vielleicht nicht so voll und wir könnten gut beobachten. Das mit dem Beobachten stimmt, aber hier oben ist es auch gut besetzt. Irgendwie sind hier vor allem nur Männer, die uns ziemlich anstarren. Wir schauen uns von oben das Treiben an. Da sehe ich ein bekanntes Gesicht. Chris läuft unten vorbei! Schnell zucke ich zurück. Aber ich glaube, er hat mich schon gesehen und auch meine alberne Reaktion. Wie peinlich! Ob er mich erkannt hat?

Ich kläre Sarah auf: »Ausgerechnet mit ihm habe ich die Ledercorsage damals gekauft, wir waren gemeinsam auf meiner ersten Sex-Party in Liverpool. Es ist aber schon länger Schluss mit uns.«

Nun beobachten wir ihn beide vom Balkon aus. Total unauffällig natürlich. Sie meint, dass er mich nicht erkannt hat. Soll ich jetzt gekränkt sein? Naja, irgendwie auch egal.

Wir wollen uns erst mal ins Getümmel stürzen. Dazu streife ich meinen Rock ab und gebe ihn an der Garderobe zu unseren anderen Sachen ab. Ich lasse mir den Abend nicht von einer alten Affäre verderben. Es ist Zeit, wild zu werden, beschließe ich.

Mein Hintern wird von einer halb durchsichtigen Panty genau so weit bedeckt, dass ich mich sexy und verrucht fühle. Ich hatte gedacht, dass ich alle Blicke auf mir spüren würde, ein Gefühl, dass ich nicht so mag. Aber hier fühle ich mich selbst in Ledercorsage, Spitzen-Panty und Strapshaltern dezent gekleidet.

Während ich hinter Sarah herlaufe, die den Platz ansteuert, den sie sich ausgesucht hat, kommen wir an einem ziemlich großen, gut gebauten Typen mit nacktem Oberkörper vorbei. So eine richtige Latino-Schönheit. Spontan fahre ich mit meinen Fingern über seine Brust. Sowas würde ich normalerweise niemals tun. Muss an dem Gedanken liegen, dass wir auf einer Swinger-Party sind.

Der Typ reagiert sofort und spricht mich an. Er flirtet wie wild. Oh nein, in was hab ich mich denn jetzt reinmanövriert? Er geht ganz schön ran und küsst mich direkt. Er sieht ja schon gut aus, deswegen mache ich auch mit, beende den Kuss aber auch recht bald. So ganz ist das irgendwie nicht meins. Ich bin ja auch nicht allein und hab Sarah versprochen, auf sie aufzupassen. Nicht, dass sie noch sauer wird.

Sobald wieder etwas Abstand zwischen uns ist, greift der Typ nach unten und zieht seine Hose nach vorn, um mir seinen ziemlich großen, bereits voll erigierten Penis zu zeigen. Ein Prachtstück, zugegeben. Er will am liebsten sofort mit mir verschwinden und das Prachtstück einsetzen.

»Äh, ich bin nicht allein, sondern mit einer Freundin hier.« Ich deute auf Sarah.

Das scheint ihn nicht zu stören.

Wir gehen zu ihr und ich meine, halb im Spaß: »Du musst sie auch mal küssen.«

Das tut er auch direkt.

Sarah scheint sehr angetan. Nachdem wir ein Weilchen auf

der Tanzfläche herumgeknutscht haben, will er dann direkt mit uns aufs Klo verschwinden. Aber dagegen sträubt sich alles in mir. Ich schlage vor, stattdessen noch mal auf die Empore zu gehen. Da kann man ja auch sitzen. Allerdings ist es dort mittlerweile noch voller. Wir stellen uns also wieder an den Balkon.

Kaum fangen wir an, ein bisschen miteinander zu knutschen und uns zu erkunden, wollen die Männer um uns herum mitmachen. Statt respektvoll darauf zu warten, eingeladen zu werden, so wie ich das aus Liverpool kenne, fassen sie uns aber einfach an. Einer nimmt meine Hand und führt sie an seinen Schwanz. Also nein, das geht nun wirklich zu weit!

Wir gehen wieder nach unten. Doch aufs Klo? So ganz behaglich ist mir bei all dem nicht. Einen Dreier mit einer Freundin empfinde ich irgendwie als inzestuös.

Wir brauchen also mindestens noch einen Mitspieler. Aber irgendwie habe ich keine Lust auf einen Mann. Auf der Schaukel an der Treppe sitzt eine junge Frau. Sie hat kurze blondierte Haare und ihren ziemlich tollen Körper in ein Bustier und eine Unterhose von Calvin Klein gehüllt. Absolutes Understatement. Die gefällt mir. Ich spreche sie an. Sie kann nur Spanisch, lässt sich aber gern von mir küssen.

Während wir rumknutschen, knutscht Sarah mit dem schicken Latino. Irgendwann sagen die beiden Bescheid, dass sie sich aufs Klo verziehen. Meine blonde Nymphe zieht mich mit sich die Treppe hoch, wieder auf die Empore. Auf den Sofas laufen wir nach ganz hinten und machen es uns dort bequem. Jeden Versuch der Interaktion der anwesenden Männer lehnen wir bestimmt ab. Unsere Knutscherei wird immer heftiger. Ich verschiebe ihr Bustier, um ihre Brüste kneten zu können.

Auch meine Corsage ist schon halb auf. Die wenigen Gelegenheiten, wenn mir eine Frau so gut gefällt, dass ich den ersten Schritt mache, und wenn sie dann darauf eingeht, sind immer etwas ganz Besonderes. Frauen sind so wunderbar weich. Weiche Haare, weiche Lippen, weiche Haut, weiche Brüste.

Sie liegt mittlerweile unten und ich knie über ihr. Mit einer Hand reibe ich ihre kleine Perle in der Calvin Klein-Unterwäsche, während meine andere Hand an ihren Nippeln spielt und ich sie heftig küsse. Sie geht dabei ganz schön ab und stöhnt. Es ist wunderbar, ihr zuzusehen. Ich glaube, ich bin auf der Zielgeraden. Gerade als ich an ihrem Stöhnen und ihren Zuckungen merke, dass sie kommt, spritzt mir etwas Warmes auf den Po. Das darf doch wohl nicht wahr sein! Und dann so ein Timing! Wenn ich jetzt aufhöre, verderbe ich ihr den Orgasmus. Also mache ich einfach weiter, wohl wissend, dass der ekelhafte Typ, der sich gerade auf mir erleichtert hat, dadurch Zeit hat, zu entkommen – obwohl ich zu gern die Gelegenheit hätte, ihn zu ohrfeigen. Wer macht denn bitte so etwas Widerliches, ungefragt?!

Als ich mich umdrehe, steht natürlich niemand mehr hinter mir. Die Männer der Umgebung schütteln unter meinem wütend suchenden Blick unbehaglich die Köpfe, um zu zeigen, dass sie unschuldig sind. Da sie alle einen noch erigierten Penis in der Hand haben, wird's wohl wahr sein. Ich sage meiner Partnerin, was das Problem ist und säubere mich erst mal mit Taschentüchern. Sie möchte wechseln.

»Jetzt bist du dran«, meint sie.

Aber ich entschuldige mich, dass mir diese Spritzaktion gerade total die Stimmung verdorben hat und ich mich einfach nur waschen will. Nach einem letzten Kuss trennen wir uns und ich gehe zur Toilette.

***

Wieder ein Jahr zuvor ...

In Liverpool hätte so etwas nicht passieren können. Denn

zum einen waren die Leute dort äußerst respektvoll und zum anderen hatte ich die ganze Zeit jemanden, der meinen Rücken, beziehungsweise meinen Arsch gedeckt hätte. Besonders Eva war äußerst besorgt gewesen. Als ein Typ mich ansprach und dazu seine Hände benutzen wollte, blies sie ihm dermaßen den Marsch, dass er äußerst kleinlaut von dannen schlich. Aber das war, wie gesagt, eine Ausnahme dort. Im Allgemeinen war der Umgang äußerst respektvoll. Die Regeln lauteten, erst zu fragen und dann zu berühren, und Nein hieß Nein.

So fühlte ich mich auch bald relativ sicher und wohl dort, und sehr, sehr neugierig. Als Eva einen Rundgang vorschlug, nahm ich dankbar an und als wir am Darkroom vorbeikamen, konnte ich natürlich nicht widerstehen.

Völlig unbesorgt betraten wir zwei Mädels den Raum. Es war nicht wirklich dunkel, eher dämmrig. Der Raum wurde von einem Bett auf einer Seite beherrscht. Eine Frau lag auf dem Bett, zwischen ihren Schenkeln ein Mann, der sie hingebungsvoll leckte und an ihrem Kopf ein anderer, dem sie den Schwanz blies.

Wir waren am Rand der Szene stehen geblieben. Um das Bett standen Zuschauer, die den Anblick genossen und dabei sich selbst oder sich gegenseitig streichelten. Bei einigen schien es auch etwas härter zur Sache zu gehen.

Plötzlich spürte ich eine Berührung. Zwei Hände streichelten mich.

»Eva«, flüsterte ich.

»Was?«, kam es geflüstert zurück.

»Jemand fasst mich an.«

»Was?«, fragte sie, lauter jetzt und wandte sich zu mir um. »Wo?«

»In meinen Kniekehlen.«

Sie senkte den Blick.

»Wirst du wohl die Finger von ihr lassen! Wer hat dir das erlaubt? Schäm dich!«

»Ja, Herrin«, kam es unterwürfig und doch hoffnungsvoll zurück.

Eva warf einen Blick auf mein Gesicht und wir verließen den Darkroom, gingen zurück auf die Tanzfläche. Die folgenden Stunden haben sich in meinem Gedächtnis zu einem verworrenen Kaleidoskop einzelner Szenen verbunden. Tanzende Leiber, ein Mann, der in einer Ecke einem anderen Mann einen blies, eine Dragqueen, die mir im Bad ihren Lippenstift anbot und mich »Liebes« nannte, wie ich neben einem großen schwarzen Mann im Schottenrock an die Bar gelehnt auf dem Boden hockte und wir knutschten, wie ich zum Abschied über seine Glatze streichelte, wie ich Chris' Hosenschlitz öffnete, Latex zur Seite strich und ihn blies, ein Mann und eine Frau im innigen Gespräch, seine Hand an ihrem Hals, wie sie ihm mit einem unbeschreiblichen Ausdruck im Gesicht lauschte, unterwürfig, glücklich, frei ...

Um drei Uhr morgens war ich erschöpft. Nicht nur körperlich, sondern auch mental, geistig abgestumpft. Ich setzte mich auf die geschwungenen Polster am Rand der Tanzfläche und beobachtete Chris und Eva beim Tanzen, die kein bisschen müde zu sein schienen. Die Leute neben mir waren so dermaßen unruhig, dass die ganze Sitzfläche wackelte. Konnte man nicht einmal etwas Frieden haben? Ich warf einen strafenden Blick über die Schulter. Erst als ich sah, wie Eva und Chris sich auf der Tanzfläche anstießen und in meine Richtung lachten, sah ich nochmal genauer hin. Kein Wunder, dass die ganze Bank wackelte. Die Frau saß auf dem Schwanz des Typen und ritt ihn enthusiastisch. Ich verdrehte nur die Augen und blieb sitzen. Ich war zu müde zum Aufstehen.

Nach einer Weile verzogen sie sich. Der Typ packte seinen

Schwanz gar nicht mehr ein. Zum Abschied schwenkte er ihn in meine Richtung. Ich atmete tief ein und aus.

Chris kam und fragte, ob es Zeit wäre zu gehen.

Oh ja, das war es definitiv. Wir verabschiedeten uns von Eva, die noch bleiben wollte, und machten uns auf den Weg ins Hotel.

***

Heute ...

Wo Sarah wohl ist? Ich streife durch die Räume, tanze etwas und treffe sie schließlich wieder. Sie hatte Spaß auf der Toilette mit dem Latino. Sie drückt mir ihr Höschen in die Hand, das sie auslassen möchte und bittet mich, es in meine Handtasche zu stecken.

Wir holen uns an der Bar noch etwas zu trinken und Sarah erzählt, dass sie eben schon mal hier war und tatsächlich von einem Typen auf den Barhockern geleckt wurde.

»Ich würde sagen, wir haben hier ganz schön Action reingebracht«, meine ich lächelnd.

Mein Erlebnis findet sie auch ziemlich abstoßend und nicht in Ordnung.

Wir stromern weiter durch den Club, tanzen, trinken und schauen uns die Leute an. Als wir draußen im Innenhof am Pool liegen, stellen wir fest, dass es schon langsam dämmert. Wahnsinn, so schnell vergeht die Zeit!

Wir wollen eigentlich schon fast gehen, da spricht mich ein Typ an und bietet mir eine Fußmassage an. Warum nicht ... Meine Füße in den hohen Schuhen schmerzen tatsächlich. Etwas zögerlich strecke ich ihm meine bestrumpften Füße hin. Fast andächtig bettet er sie auf seinen Schoß und beginnt sie zu massieren. Diese Massage wird sich für immer in mein Gedächtnis einbrennen. Noch nie wurden meine Füße so gut behandelt. Es ist beinahe genauso gut wie ein Orgasmus, dauert nur länger.

Ich bin mit geschlossenen Augen völlig versunken. Immer, wenn ich kurz die Augen öffne, bekomme ich eine Momentaufnahme des Geschehens um mich herum. Sarah, die leicht gelangweilt neben mir sitzt. Sarah, die sich mit einem muskulösen Typen neben sich unterhält. Sarah, die mit dem Typen ziemlich wild rumknutscht ... Der Typ liegt neben mir und Sarah sitzt auf ihm. Sarah signalisiert mir, dass sie demnächst wiederkommt und die beiden verschwinden. Ich genieße derweil meine Massage und mache die Augen gar nicht mehr auf. Als die wunderbare Massage zu Ende ist, bedanke ich mich bei meinem Wohltäter, der tatsächlich nichts anderes von mir will. Er wollte nur meine Füße massieren. Damit ist in meinen Augen die männliche Ehre hier wieder hergestellt.

Jetzt muss nur noch Sarah zurückkommen und dann können wir gehen. Mir gegenüber sitzt ein sehr attraktives Pärchen. Die habe ich doch vorhin schon am Eingang gesehen ... Kamen die nicht direkt nach uns und wussten nicht, was das für eine Party hier ist? Die beiden waren entsprechend auch nicht dem Dresscode gemäß gekleidet. Deshalb mussten sie jeweils ihr Oberteil ausziehen, weshalb er oben ohne ist und sie im BH hier sitzt. Müßig überlege ich, ob man hier einfach lockerer ist, als in Liverpool, was den Dresscode angeht oder ob ein weniger attraktives Pärchen damit auch durchgekommen wäre?

Da kommt er plötzlich zu mir rüber und spricht mich an. Ob ich mich nicht zu ihnen setzen will und sie kennenlernen möchte? Why not? Die beiden sind tatsächlich das erste Mal auf so einer Party. Sie würden gern ein wenig spielen. Mit mir. Ich fühle mich geehrt und will erst ausschlagen, schließlich wollten wir ja nach Hause.

Aber dann denke ich: *Warum bist du sonst hier?*

Ich hatte noch nie einen Dreier und die beiden sind doch wirklich sehr attraktiv. Wenn ich dieses Angebot ausschlage, wird es mir hinterher leidtun und ich werde mich fragen, was wäre gewesen, wenn ich mitgemacht hätte.

Wir ziehen uns auf die nächstgelegene Empore zurück. Eine andere als die Letzte, die mir so zwiespältig in Erinnerung ist. Dort ist zum Glück nicht mehr viel los. Wir setzen uns auf eine der Bänke und beschließen, Wahrheit oder Pflicht zu spielen. Immer, wenn einer der anderen Männer uns zu nahe kommt, wird er kurz und knapp vom männlichen Part des Duos darauf hingewiesen, dass er hier unerwünscht ist. Schauen gern, aber unsere Privatsphäre soll bleiben.

Das Spiel wird natürlich immer heißer. Sie wünscht sich, dass ich ihn küsse. Er will, dass ich auf allen vieren zu einer der anderen Bänke laufe und wieder zurück. Ich wünsche mir, dass sie seinen Schwanz bläst. Er wünscht sich, dass wir Mädels uns küssen und an unseren Brüsten spielen.

Während er uns zuschaut, spielt er an seinem Schwanz herum, den er nicht mehr weggepackt hat, und kommt. Sie ist davon etwas enttäuscht. Die beiden laden mich ein, sie doch nach Hause zu begleiten.

Aber das geht mir dann doch etwas zu weit und zu schnell, also lehne ich ab. So langsam muss ich auch mal nach Sarah gucken, es ist schon früher Morgen.

Natürlich frage ich mich bis heute, wie es wohl bei ihnen zu Hause weitergegangen wäre ...

***

Wieder ein Jahr zuvor ...

Damals in Liverpool stellte Chris, kaum dass wir im Zimmer waren, das Radio und dann die Dusche an. Er drehte mich zur Wand und begann, mein Korsett aufzuschnüren. Ich war froh, als der Druck nachließ, denn in der letzten Stunde war die Schnürung recht unangenehm geworden und hatte für zunehmende Rückenschmerzen gesorgt. Bald stand ich oben ohne da. Chris legte das Korsett zur Seite und massierte meine Brüste. Meine Hände wanderten nach hinten und fanden die harte Beule unter dem Latex. Mit einem Ruck drehte er mich herum und küsste mich, wobei er mich gegen die Wand presste. Das Latex fühlte sich seltsam auf meiner Haut an – warm von Chris Körperwärme, aber künstlich und gummiartig, keine Haut eben. Ich schob Chris etwas zurück, öffnete den Reißverschluss des Anzugs bis nach ganz oben und fuhr mit den Händen über seine nackte warme Brust. Er schauderte etwas, denn meine Hände waren kalt vom Weg hierher.

Wir zogen uns aus. Es dauerte etwas, ihm aus dem engen Latexanzug zu helfen, dann schob er mich ins Bad und unter das mittlerweile heiße Wasser. Wir hielten uns unter dem Strahl umschlungen, wärmten uns auf. Unsere Küsse wurden fordernder. Mit einem Ruck drehte Chris mich zur Wand. Ich stützte mich an den Fliesen ab. Chris begann, meine Pobacken zu schlagen und zu massieren. Seine Finger glitten in die Spalte zwischen meinen Pobacken und ich verkrampfte mich.

»Keine Angst«, murmelte Chris an meinem Ohr, »ich mache nichts.«

Sein Finger glitt um mein Poloch herum, ohne in mich einzudringen. Dann presste er sich an mich.

Jetzt fühlte ich seinen erigierten Schwanz. Wieder verspannte ich mich und Chris mahnte: »Ganz ruhig, vertrau mir.« Sein Schwanz drängte sich zwischen meine Pobacken, rutschte von dort zwischen meine Beine, wurde vor und zurück bewegt, ohne mich jedoch zu penetrieren. Doch die Reibung und die Andeutung des Kommenden erregten mich und bald bewegten sich meine Hüften gemeinsam mit seinen, kamen ihm entgegen und lösten sich, immer an der Grenze, immer mit dem Feuer spielend.

Schließlich stellte Chris das Wasser ab und führte mich aus der Dusche. Wir trockneten uns ab.

Er sah mir in die Augen und fragte: »Vertraust du mir?«

Ich nickte stumm. Ich vertraute ihm mehr, als jedem anderen bisher. Er fasste nach meiner Hand und führte mich ins Schlafzimmer, zum Bett. Daneben stand seine Tasche. Er griff hinein und zeigte mir, was er herauszog. Eine Augenbinde.

»Setz dich aufs Bett.«

Ich tat wie geheißen. Chris legte mir die Augenbinde an.

»Siehst du noch etwas?«

Ich fühlte, wie seine Hand vor meinen Augen hin und her bewegt wurde. Sehen konnte ich es nicht, nur durch einen kleinen Spalt unter der Augenbinde durchlinsen. Ich schüttelte den Kopf. Chris schob meinen Oberkörper nach hinten auf das Kissen, umfasste dann meine Beine und legte sie ebenfalls auf das Bett. Seine Hände strichen über meine Haut, vom Schlüsselbein über meine Brüste, ein Finger umkreiste meinen Bauchnabel. Er strich an meinen Beinen auf und ab. Eine Hand legte sich kurz und leicht auf meinen Schamhügel. Mit seinen Händen nahm er meinen Körper in Besitz. Dann war er weg.

Ich spürte, obwohl ich nichts gehört hatte, dass er nicht mehr neben mir war. Es war ein seltsames Gefühl. Ich lauschte mit allen Sinnen in das Zimmer.

Ich weiß noch, dass im Radio gerade die Nachrichten kamen. Auf meiner feuchten Haut bildete sich eine Gänsehaut und meine Nippel richteten sich auf. Ich versuchte vergeblich, unter der Augenbinde hindurch zu erkennen, wo Chris war und was er machte.

Dann hörte ich ein Geräusch und etwas traf meinen Bauch. Es bewegt sich, fuhr langsam über meine Haut und ich erkannte, was es war: ein Seil, das er über meinen Körper nach oben zog.

Chris hatte mich bereits einmal bei einer unserer Sessions gefesselt. Er hatte damals ein schwarzes Bondageseil benutzt und recht lockere Knoten um meine Handgelenke gewunden, um diese schließlich mit meinen Fußgelenken zu verbinden. So hatte er mich auf dem Sofa in meinem Wohnzimmer liegen lassen. Allerdings waren meine Augen dabei nicht verbunden gewesen. Ich hatte ihn sehen können. Er hatte mir gegenüber im Schaukelstuhl gesessen und seinen Schwanz gestreichelt. Was mich ziemlich heiß gemacht hatte. Die Fesseln waren damals so locker gewesen, dass sie, nachdem er zu mir zurückgekommen war und mir seinen Schwanz in den Mund gesteckt hatte, sich beim ersten Zug gelöst hatten, sodass ich meine Beine strecken und meine Hände an seinen Schwanz legen konnte.

Chris zog weiter spielerische Kreise mit dem Seil über meinen Körper. Er gab mir Zeit. Zeit, mich an den Gedanken zu gewöhnen, dass er mich fesseln wollte. Zeit, um die Sache zu durchdenken. Zeit, um zu protestieren.

Meine Gedanken rasten. Würde das zu viel für mich werden? Gefesselt und die Augen verbunden? Was hatte er noch mit mir vor? Ich stoppte diese Gedanken. Letztendlich lief alles auf die Frage hinaus, die Chris mir im Bad gestellt hatte: Vertraute ich ihm? Die Antwort lautete immer noch: ja.

Ich entspannte mich. Sofort drehte mich Chris zur Seite und begann, meine Handgelenke mit dem Seil zu umwinden. Danach bog er meine Beine hoch und band Hand- und Fußknöchel aneinander, wie ich es schon kannte. Nur diesmal waren die Knoten fester. Ich merkte es, als er mich wieder mehr oder weniger auf den Rücken drehte. Sie gaben etwas nach, aber nicht viel. Ich konnte so verschnürt nicht auf dem Rücken liegen und rollte noch etwas weiter, bis ich halb schräg ihm zugewandt auf dem Bett lag. Wieder fühlte ich seine Hände, die über meinen gesamten Körper strichen. Diesmal hielt er sich länger bei meinen Brüsten auf und dann erkundeten seine Finger die Spalte zwischen meinen Beinen. Ich begann, heftiger zu atmen.

»Kannst du so kommen?«, fragte Chris nach einer Weile.

Ich schüttelte den Kopf, obwohl ich nicht sicher war, ob es nicht doch klappen würde. Aber ich war mir sicher, dass es ewig dauern würde, viel länger, als ich Chris zumuten wollte.

Seine Finger wurden zurückgezogen und wieder verschwand seine Präsenz. Im Radio wurde jetzt Musik gespielt und ich hörte ein Rascheln.

Chris kam zurück und schob mich etwas mehr in die Mitte des Bettes. Er legte sich neben mich und zog mich an sich, schob einen Arm unter mir durch, mein Kopf lag nun an seiner Schulter. Dann schob er meine Beine so weit auseinander, wie es die Fesseln erlaubten. Ich hörte ein Brummen.

Sofort dachte ich an das Sextoy, dass Chris uns früher am Tag vorgeführt hatte. Mit weit aufgerissenen Augen unter der Binde wartete ich darauf, wie es sich anfühlen würde. Chris führte es direkt an meine Klitoris und es war wie ein elektrischer Schlag. Mein Körper zuckte und ich stöhnte auf.

Chris ließ das Toy wo es war, fragte aber besorgt: »Zu stark? Soll ich es wegnehmen?«

»Nein«, stöhnte ich, »nein, mehr.«

Ich spürte, dass es ihn freute. Er stellte das Toy eine Stufe höher und ich versuchte, meine Beine weiter zu spreizen.

Sein Mund fand einen meiner Nippel und ich stöhnte erneut. Plötzlich traten alle meine Bedenken, ob ich kommen konnte, ob es zu lange dauern könnte, ob es in Ordnung wäre, dass er sich so bemühte, in den Hintergrund.

Ich war nur noch darauf fokussiert, Lust zu empfinden, Lust aufzubauen, zu kommen. Jedes Mal, wenn sich ablenkende Gedanken dazwischenschieben wollten, blockte ich sie ab. Ich wollte kommen. Hier und jetzt. Für ihn. Für mich. Und ich kam!

Dieser erste BDSM-Orgasmus war mit späteren, grandioseren nicht zu vergleichen, denn es war eher eine Erleichterung, auch weil ich noch zu konfus, zu uneins mit mir selbst und der Devotion war. Aber er war ein Zeichen für die Zukunft, für alle Folgenden und die Lust, die noch kommen würde. Deshalb wird er mir immer in Erinnerung bleiben. Auch äußerlich konnte mein Orgasmus nicht viel hergemacht haben, denn Chris ließ das Toy weiterlaufen, selbst auf mein Stopp hin.

»Ich möchte, dass du kommst«, sagte er. »Für mich.«

Ich musste lachen und erklärte ihm, dass das schon passiert war und der Reiz jetzt tatsächlich zu stark war, wobei ich meinen Unterkörper wand, um der Vibration an meiner Klitoris zu entgehen.

Er legte das Toy weg und entfernte die Augenbinde. Ich blinzelte im Licht.

»Na, so schwer war das doch gar nicht«, kommentierte Chris und drehte mich zur anderen Seite.

Ich hörte, wie ein Kondom ausgepackt wurde und spürte, wie sich Chris von hinten an mich drängte. Er kniete hinter mir und zog die Fesseln, die meine Hand- und Fußgelenke verbanden, nach oben und zur Seite, dirigierte mich so herum, dass er mich trotz der Fesseln ficken konnte.

Nie ist das Eindringen eines Schwanzes in meine Muschi so schön, wie wenn ich gerade gekommen bin. Ich drängte mich ihm entgegen, so gut ich konnte, und nahm ihn bereitwillig auf. Das Gefühl, wie Chris in mich stieß, während ich gefesselt war, ließ mich stöhnen und meine Glieder wie Wasser werden. Als er seine freie Hand in mein Haar krallte und meinen Kopf zurückzog, stöhnte ich laut auf. Er küsste mich und seine Zunge stieß heftig in meinen Mund.

Ich fühlte ihn zucken, als er kam, oben und unten. Danach lag er kurz auf mir. Schließlich richtete er sich auf, um sich aus mir herauszuziehen und sofort meine Fesseln zu lösen.

Ich blieb liegen, meine Glieder immer noch schlaff und willig. Er zog mich an sich und massierte meine Handgelenke, entschuldigte sich für die leichten Rötungen. Ich entzog ihm meine Arme, umfasste sein Gesicht, blickte ihm in die Augen und küsste ihn. Ich hätte mich gern für die Erfahrung bedankt, aber das kam mir albern vor und so zog ich nur die Decke über uns und kuschelte mich an ihn. Vertrauensvoll.

10. Herr meiner Lust

Wir gingen in den Keller, wie wir es immer taten, wenn ich unartig gewesen war. Ich spürte die große warme Hand meines Herrn im Rücken. Sie schob mich sanft voran. Nicht unfreundlich, nur unnachgiebig.

Es waren genau siebzehn Stufen. Ich hatte sie oft gezählt und zählte sie auch jetzt, während der Schein der leicht schwingenden Glühbirne über uns an den Wänden hin und her huschte. Wir gingen den langen Gang hinunter an dem großen Raum mit der Waschmaschine und dem Wäschetrockner vorbei, aus dem es wie immer wunderbar nach der frischen Wäsche duftete. Ich atmete tief ein. Vorbei am Vorratsraum, in dem zu früheren Zeiten sicher Einmachglas an Einmachglas gestanden hatte, jetzt aber nur im Supermarkt gekaufte Vorräte standen. So eine gute Hausfrau war ich nicht. Weiter ging es den Gang entlang. Der beständige leichte Druck in meinem Rücken ließ nicht nach, bis wir vor der letzten Tür standen. Mein Herr schloss auf, den Schlüssel trug er immer bei sich, und schob mich in den Raum, der sogar noch größer war, als der Raum, in dem unsere Waschmaschine unsere Wäsche wusch. Als wir hier eingezogen waren, war der Raum eine Werkstatt, beziehungsweise ein Hobbyraum gewesen. Man könnte sagen, das wäre er nach wie vor, denn an den Wänden zogen sich Schränke und Regale entlang und es hingen diverse Gerätschaften an Haken. Die eine Stirnseite wurde von einem Andreaskreuz eingenommen, ihm gegenüber stand auf der anderen Seite ein Bock. Der Raum wurde jedoch von einem großen Tisch in der Mitte beherrscht, mit seinen Lederriemen zum Fixieren und Fußbügeln, die an einen gynäkologischen Stuhl erinnerten – und auch von einem stammten. John, mein Mann und Herr, hatte dieses Kunstwerk selbst entworfen und gebaut.

Hinter der Tür blieb ich stehen und senkte demütig den Blick. Ich konnte die Einrichtung nicht sehen, aber ich wusste, dass sie da war. Mein Herz schlug schneller und mein Unterleib wurde warm. Ich wartete auf die Anweisungen meines Herrn.

Viele Leute wundern sich über Menschen wie uns und fragen sich, was wohl mit uns nicht stimmt. Mir ging es am Anfang selbst ähnlich. Als ich meine Neigung entdeckte, fragte ich mich, was verkehrt gelaufen war, schämte mich und versuchte, es zu ignorieren. Aber jetzt möchte ich es nicht mehr anders haben. Ich stelle mir vor, dass das Sexleben von »normalen« Leuten doch sehr langweilig ist, und würde auf keinen Fall mehr auf den herrlichen Kitzel verzichten wollen oder auf John, meinen Herrn.

***

Jetzt steht er nachdenklich da und mustert den Raum. Schließlich gibt er mir ein Zeichen, mich auf den Tisch zu legen. Er braucht nur ein paar Handgriffe und ich bin fixiert, Arme und Beine weit gespreizt und ihm ausgeliefert. Ich spüre ein Ziehen der Vorfreude im Unterleib. Ein paar weitere schnelle und sichere Bewegungen und er hat mein Top hochgezerrt und den BH herunter, sodass meine Brüste zwischen den beiden Kleidungsstücken eingeschnürt werden. Er liebt es, sich meine Brüste für Bestrafungen vorzunehmen. Auch jetzt ruht sein Blick sinnend auf ihnen und er murmelt etwas von »mit den Titten anfangen«. Er geht um den Tisch herum und tritt an eine der Wände heran.

Ich verliere ihn aus dem Blick. Aber ich weiß, wo er steht und was er tut, deshalb ist das zischende Geräusch der Gerte, die durch die Luft peitscht, keine Überraschung für mich. Ich zucke kaum zusammen. Kaum. Das Geräusch wiederholt sich und verändert sich dabei. Er schwingt verschiedene Gerten und Stöcke probeweise, überlegt, prüft ihren Klang.

In meinem Kopf entwerfe ich ein Bild von ihm, wie er gerade aussieht. Ich kann es mir gut vorstellen. Ich habe ihn schon oft dabei gesehen. Nach wie vor bin ich mir nicht sicher, ob er bei diesem oft wiederholten Ritual wirklich noch überlegt, welches Instrument er für meine Bestrafung benutzen will oder ob es nur ein kleines Schauspiel ist, um auf das Kommende einzustimmen, die Vorfreude auszukosten und zu steigern ... unsere Vorfreude.

Er hat sich für ein Instrument seiner Wahl entschieden, ich höre seine Schritte sich von der Wand entfernen und um meinen Kopf herumschreiten. Hinter mir steht eine kleine Werkbank. Ich höre, wie John mehrere der Schubladen öffnet, in ihnen herumkramt, sie wieder schließt. Natürlich enthalten die Fächer schon längst keine Nägel und Schrauben mehr. Ich werde etwas ungeduldig und zappele ein bisschen herum, ziehe probehalber an den Riemen, die Arme und Beine halten.

»Ruhig«, befiehlt er gebieterisch.

Ich liege wieder still. Er spannt mich zum Glück nicht mehr lange auf die Folter. Als er zu mir zurückkommt, streicht er mit der kurzen Reitgerte, die er ausgewählt hat, über meine Nippel, die sich unter der Berührung noch weiter aufrichten. Meine Warzenhöfe ziehen sich zusammen, kräuseln sich. Ich erschauere.

»Schon wieder so geil«, stellt er fest.

Mit der Lederlasche am Ende der Gerte hebt er mein Kinn an, sodass mein Blick nicht mehr auf meine Brüste gerichtet ist und er mir in die Augen sehen kann.

»Wenn ich dir jetzt zwischen die Beine fasse ...«, meint er, »was finde ich dann? Du bist sicher schon wieder feucht.«

Die Gerte fährt von meinem Kinn über meinen Hals zu meinen Brüsten. Er gibt mir einen spielerischen Klaps auf den einen Nippel, dann auf den anderen.

»Kannst es gar nicht erwarten ...«

Die Gerte fährt weiter über meinen Bauch, zeichnet kurz das Muster meines blau-weißen Ethno-Shirts nach und arbeitet sich dann weiter über die Beine vor, bis zum Saum meines blauen Rocks. Er fährt darunter, hebt den Rock etwas an und schiebt ihn mit der Gerte nach oben, weiter und weiter, bis meine rasierte Scham zum Vorschein kommt.

Er hat mir verboten, zu Hause ein Höschen zu tragen, damit er jederzeit Zugriff auf meine Muschi und meinen Po hat. Auch wenn ich mit ihm unterwegs bin, muss ich Röcke tragen und darunter blank sein. Er liebt es, in der Öffentlichkeit an meinen Beinen hochzufahren, meine Schamlippen zu streicheln und ein, zwei oder drei Finger in mich einzuführen. Zum Beispiel im Fahrstuhl, in der Bahn oder im Taxi. Er weiß, welche Qualen der Scham und der Lust mir das bereitet. Ihm scheint es nie wichtig, ob andere merken, was wir tun. Ob wir dabei erwischt werden. Am schlimmsten wird es für mich, wenn er sich statt meiner Muschi meinen Po vornimmt. Das Loch ist so eng und ich versuche, still zu halten und mir nichts anmerken zu lassen, schaffe es aber in der Regel nicht.

Als wir einmal abends mit dem Taxi von einer Party nach Hause fuhren, zog er mich auf dem Rücksitz an sich. Wir knutschten und er fasste mir unter das Top. Während er meine Brüste aus dem BH befreite und knetete, rutschte das Top immer höher. Ich sah aus dem Augenwinkel, dass der Fahrer uns im Rückspiegel beobachtete. Er starrte auf meine halbnackte Brust und leckte sich über die Lippen. Reflexartig zog ich das Top wieder herunter. Ein klarer Fall von Ungehorsam. Ich wusste es sofort und sah ihn bittend an. Aber er schüttelte nur stumm den Kopf und ein sardonisches Lächeln stahl sich auf seine Lippen. Da war mir klar, dass ich verloren war. Seine Hände glitten um meine Hüfte und zogen mich nach vorn und auf ihn zu. Ich rutschte an den Polstern herunter und lag halb im Taxi. Ein Bein zog er über seine Beine, dass andere stellte er zwischen den Sitzen auf. Der Rock klaffte auf und die Augen des Fahrers weiteten sich, als John mit der Hand unter meinen Rock fuhr und meinen Oberschenkel zu streicheln begann – sehr weit oben.

»Leg dich auf die Bank und schieb deine Muschi zu mir«, kommandierte er halblaut.

Meine Augen weiteten sich, ich war mir sicher, dass der Fahrer jedes Wort verstanden hatte. Aber ich hatte gelernt, dass in einer solchen Situation jedes Zögern alles nur noch schlimmer machte. Ich rutschte herunter und legte mich auf die Bank. Den Rückspiegel und den Fahrer konnte ich nun nicht mehr sehen. Der Beifahrersitz bildete eine Barriere. Allerdings nicht für meine Fantasie, die sich den gebannten Blick ausmalte, als mein Rock noch etwas höher rutschte. Natürlich trug ich auch heute keine Unterwäsche.

John kicherte vergnügt und legte eine Hand mit sanftem, aber unerbittlichem Druck auf meinen Bauch. Seine andere Hand war durch die Bewegung meinen Oberschenkel so weit hinaufgewandert, dass er nun meine intimste Stelle streicheln konnte. Er grinste und zwinkerte mir zu, der Schuft, dann steckte er zwei Finger in meine Muschi, bewegte sie und wartete, dass ich feucht wurde. Da brauchte er nicht lange warten. Meine Säfte flossen. Die Demütigung und die Scham erregten mich zusätzlich. John drehte seine Finger in meiner Muschi, machte sie so richtig nass an meinem Saft. Dann zog er sie heraus und wanderte weiter nach hinten. Ich verkrampfte mich, als er rund um mein Poloch fuhr und die Kuppe seines Fingers gegen den Eingang drückte.

»Entspann dich«, sagte er in normaler Zimmerlautstärke. »Ich habe Lust auf einen Arschfick.«

Natürlich hatte der Taxifahrer das gehört. Keine Ahnung, was der dachte. Während John langsam seinen Finger in mich gleiten ließ, wurde mein Atem heftiger. Das lag auch daran, dass er angefangen hatte, mit dem Daumen meine Perle zu streicheln. Nur er war in der Lage, dieses wunderbare Gemisch aus Lust, Scham und Wut in mir zu wecken. Dieses explosive Gemisch. Ich spürte, wie sich der lustvolle Druck in mir aufbaute, der anzeigte, dass ich kommen würde, wenn er so weiter machte – kommen auf der Rückbank eines Taxis, mit seinem Finger im Arsch. Bevor ich ihn kannte, kam ich beim Sex so gut wie nie. Aber er, er weiß genau, was ich brauche. Während er weiterrieb und -stieß, unterbrach er den Blickkontakt mit mir nicht. Seine Augen nagelten mich weitaus effektiver fest, als seine Hand auf meinem Bauch. Ich sah seine Lust als Spiegel meiner Lust in seinen Augen.

»Fahren Sie bitte an dem kleinen Parkplatz, der gleich kommt, raus und halten Sie an«, sagte er zum Fahrer, ohne den Kopf zu wenden.

Als das Taxi stoppte, kam seine Hand wieder unter meinem Rock zum Vorschein. Ich war nicht gekommen.

John öffnet die Tür und zog mich mit sich aus dem Auto. Wir gingen an der Motorhaube des Taxis, das mit laufendem Motor wartete, vorbei in die Dunkelheit.

An einem der Picknicktische, die knapp außerhalb des Lichtkegels der Scheinwerfer standen, hielt er an und drückte mich bäuchlings auf die Tischplatte. Ich hörte, wie sein Gürtel und Reißverschluss geöffnet wurden und spürte, wie er sich von hinten an mich drängte. Er zog meinen Rock hoch und massierte mit beiden Händen meinen nackten Arsch. Dann stieß er mit einem Ruck seinen Schwanz in meine Muschi. Ich stöhnte auf. Während er sich bewegte, fanden seine Finger wieder meine Perle. Der köstliche Druck baute sich erneut auf. Wie viel wohl der Taxifahrer sah … John zog seinen Schwanz heraus und drängte ihn an mein engeres Loch. Diesmal verkrampfte ich mich nicht. Ich hatte über den reibenden Fingern und dem köstlichen Druck fast alle Hemmungen verloren. Langsam, aber stetig schob er mir seinen Schwanz in meinen Arsch. Nun war es John, der wegen der köstlichen Enge aufstöhnte.

Wenn er mich so fickt, kommt er immer schnell.

»Schön, wie du eben dem Fahrer dein Fötzchen präsentiert hast.« Seine Stimme klang gepresst, es erregte ihn, mich zu beschämen. »Soll ich ihn holen, wenn ich mit dir fertig bin?«

Ich erstarrte, nicht vor Schreck, sondern weil ich mit der Frage überfordert war. Was wollte ich? Wollte ich das? John stieß mich heftiger. »Du überlegst, oder? Interessant.«

Seine Finger bewegen sich schneller auf meiner Klitoris.

»Ich werde es mir merken und komme darauf zurück … Aber nicht heute.«

Ich war erleichtert und konnte mich wieder auf seine Finger und seinen Schwanz konzentrieren. Die Tatsache, dass der Fahrer uns vermutlich beobachtete, machte mich an. Das konnte ich jetzt vor mir selbst zugeben. Dennoch war ich, als ich kurz vor John kam, froh, dass er mich danach nicht an den anderen Mann übergab.

***

John weiß immer, was mich anmacht. Ich war damals geil und ich bin es jetzt. Die Gerte streicht über meine rasierte Muschi, die nun unter dem hochgeschobenen Rock hervorschaut, und gleitet zwischen meine Beine. Ich spüre den Druck an den Schamlippen.

»Spreizen«, kommandiert John.

Ich nutze den Spielraum, den die Lederriemen um meine Fußgelenke mir lassen, und winkele meine Knie an. Dabei hängt mein Blick an Johns Gesicht. Ich liebe seinen Ausdruck, wenn ich ihm ausgeliefert bin, wenn er mich bestraft. Aber heute scheint irgendetwas anders als sonst.

Da ist so ein Funkeln in seinen Augen, das mich misstrauisch macht. Ein Funkeln, das besagt, dass heute nicht alles so abläuft, wie ich es erwarte. John ist derweil mit der Lasche am Ende der Gerte zwischen meinen Schamlippen mehrmals auf und ab gefahren. Jetzt nickt er befriedigt und führt die Gerte nach oben, mir vor die Augen, sodass ich meine Säfte an ihr glitzern sehen kann.

»Natürlich bist du kleine Schlampe schon feucht. Du genießt diese Bestrafungen viel zu sehr.«

Ich schlage die Augen nieder und sage nichts. Er hat mir keine Frage gestellt, also darf ich nicht sprechen. So lautet hier in diesem Keller die Regel.

Wir haben einige dieser Regeln für das Spielen, aber auch außerhalb. Alle diese Regeln betreffen meine, unsere Lust. Ansonsten sind wir ein normales Paar und führen ein ganz normales Leben. John ist lediglich der Herr meiner Lust und er hat Regeln aufgestellt, an die ich mich zu halten habe. Für ihn jederzeit zugänglich zu sein, indem ich Röcke und keinen Slip trage, ist eine Regel. Immer frisch rasiert und gepudert zu sein, ist eine andere. Gegen eine dieser Regeln habe ich verstoßen. Verstoße ich immer wieder, zum Beispiel bei der, an mir selbst – ohne John – sexuelle Handlungen durchzuführen, dann folgt sofort die Bestrafung. So auch in diesem Fall heute.

»Wenn du es so genießt, dann müssen deine Titten wohl den Preis für deine Geilheit zahlen«, sagt John.

Er beginnt mit kleinen Schlägen auf meine Brüste, schnell und nicht zu hart. Dort, wo er mich mehrfach hintereinander getroffen hat, rötet sich die Haut. Er fängt oben an und verlagert die Schläge langsam nach unten. Die Röte breitet sich aus. Als die Gerte mehrfach meine Nippel trifft, atme ich scharf ein.

»Still«, zischt John und legt mir seine große Hand über den Mund.

Ein paarmal tanzt die Gerte noch über meine Nippel, dann, als er sich den Bereich unterhalb vornimmt, löst er seine Hand von meinem Mund und ich atme, vorsichtig und leise, tief ein.

Dadurch, dass meine Brüste nicht groß sind und zwischen den Kleidungsstücken nach oben gequetscht werden, kann er auch ihre Unterseite bearbeiten. Als er an meinem Bauch angekommen ist, hält er kurz inne und arbeitet sich dann in die Gegenrichtung vor. Die Schläge verlagern sich nun von unten nach oben und sie werden härter. Ich wimmere ein bisschen und bekomme wieder die Hand auf den Mund.

»Du weißt, dass ich, wenn du dich nicht beherrschen kannst, entsprechende Maßnahmen treffen muss«, mahnt er.

Ich weiß es und presse meine Lippen zusammen. Inzwischen stehen Tränen des Schmerzes in meinen Augen und John ist wieder an meinem Dekolleté angelangt. Er nimmt die freie Hand von meinem Mund und greift zwischen meine Beine. Ein, dann zwei Finger bohren sich in meine Muschi und bewegen sich auf und ab, dabei entsteht ein schmatzendes Geräusch, weil ich mittlerweile nicht mehr nur feucht bin, sondern klatschnass.

John nimmt einen dritten Finger hinzu und fickt mich härter. Dabei schaut er auf mich herab. »Bist du gekommen, bevor ich dich erwischt habe?«, fragt er.

Ich schüttele den Kopf.

»Hast du es dir, seitdem ich dich das letzte Mal erwischt habe, noch einmal heimlich gemacht?«, will er wissen.

Ich senke den Blick.

»Sieh mich an und beantworte die Frage!«

Ich hebe meinen Blick zu seinen unnachgiebigen Augen. Zeit für die Beichte. »Als … als ich letzte Woche auf Geschäftsreise war …«, beginne ich und senke wieder den Blick.

Johns Bewegungen in meiner Muschi stoppen, die Hand mit der Gerte senkt sich auf meine Brust und er kneift mir in einen der Nippel. Fest. Zwirbelt ihn. Ich jaule leise auf, als der scharfe Schmerz aufflammt, und atme heftig.

»Du erzählst mir jetzt alles, was du kleine Schlampe angestellt hast. Ganz genau!« Seine Hand wechselt zu meiner anderen Brust und packt den Nippel – bereit zuzudrücken.

Ich hebe den Blick und erzähle von dem Abend in dem Hotel, als wir telefoniert hatten und er auf dem Sprung war, weil er mit seinen Kumpels verabredet war. Also keine Zeit und keine Gelegenheit für Telefonsex. Ich hatte mir ein Bad eingelassen und wollte mich entspannen.

»Aber ich war so geil … Dann habe ich begonnen, mich zu streicheln. Erst nur meine Brüste, streicheln und sanft drücken, zusehen, wie die Nippel sich aufstellten und durch den Schaum lugten. Dann wanderte eine Hand ganz von allein zwischen meine Beine. Mein Finger fand meine Perle. Erst rieb ich sie nur ein bisschen, aber dann wollte ich mehr.«

Johns Finger haben wieder angefangen, sich in meiner Muschi zu bewegen, seine andere Hand spielt mit meinem Nippel, üben leichten Druck aus und entspannen sich wieder, drücken zu und lassen los. Wie hypnotisiert von der Erinnerung und der parallel aufsteigenden Lust durch Johns Hände, erzähle ich ihm, wie ich beschlossen hatte, mir einen Orgasmus zu verschaffen, obwohl ich wusste, dass es verboten war. Wie ich mich gerechtfertigt gefühlt hatte, weil er schließlich keine Zeit hatte.

Seine Finger an meinem Nippel drücken etwas fester zu. »Wie hast du es genau gemacht?«, fragt er mit sanfter Stimme.

Ich hatte mich eine Weile gestreichelt, meine kleine Perle gerieben und als ich dann richtig geil gewesen war, hatte ich mich nach etwas Geeignetem umgesehen. Am Badewannenrand lag meine Nagelbürste. Ich nahm sie, presste die Knie rechts und links an den Rand der Wanne und brachte mein Becken so hoch, dass meine Scham über den Wasserrand kam. Dann schlug ich leicht mit der Bürste zwischen meine Beine. Ich genoss den Schmerz. Meine andere Hand streichelte und kniff abwechselnd meine Nippel. Meine Erregung stieg. Immer wieder schlug die Bürste zwischen meine Beine, fester und schneller. Dann ließ ich mein Becken wieder ins Wasser sinken. Meine Beine stellte ich auf und öffnete sie weit. Die Bürste drückte ich zwischen sie, an meine empfindlichste Stelle. Ich genoss den durch die Borsten, die sich an mich drückten, verursachten Schmerz. Aber das reichte nicht aus. Ich begann, die Bürste zu bewegen, hoch und runter erst, dann kreisend. Die harten Borsten fuhren über die empfindlichen Schamlippen, auch über die Perle, der Schmerz wurde von dem warmen Wasser nur wenig gelindert. Ich stöhnte laut auf und meine zweite Hand, die bisher mit meinen Nippeln gespielt hatte, wanderte nach unten. Sie legte sich auf meine Perle und begann, energisch zu reiben. Ich erhöhte den Druck der Borsten auf meine Muschi immer mehr, bis ich es fast nicht mehr aushielt und mein Orgasmus explodierte. Danach war meine Muschi rot und juckte. Ich musste sie mit etwas Heilsalbe eincremen, bevor ich zu Bett ging.

Das alles gestehe ich John, während er seine Finger immer heftiger in meine Muschi rammt. Als ich mit meiner Beichte fertig bin, zieht er seine Finger aus mir heraus und richtet sich auf.

»Mit der Bürste? Sehr interessant. Das werde ich mir merken«, lautet sein Kommentar. »Eine Frage hätte ich noch: Wir haben doch am nächsten Tag telefoniert ...«

Ich nicke schuldbewusst.

»Ich meine, mich daran zu erinnern, dass du zwei Orgasmen bekommen hast, um den ausgelassenen vom Vortag zu kompensieren? Das war doch so? Oder trügt mich mein Gedächtnis?«

Es gelingt mir, »Es war so« zu murmeln.

»Hattest du mir in diesem Gespräch etwas von deinem unerlaubten Orgasmus vom Vortag gestanden?«

Ich schüttele den Kopf.

»Nein, hast du nicht. Dafür bist du einfach ein zu gieriges kleines Luder, nicht wahr? Du wusstest, dass der zweite Orgasmus dann sicher gestrichen worden wäre. Du bist fast zu geil, als dass ein Mann allein mit dir fertig werden würde, nicht wahr? Fast ... Aber das werden wir heute sehen ...« Das Letzte murmelt er wie zu sich selbst. Dann klatscht er beschwingt in die Hände. »Aber erst die Bestrafung. Dafür, dass du dich ohne meine Erlaubnis selbst berührt hast, zweimal zehn Schläge auf die Nippel mit der Gerte, zehn auf jeden also. Und dafür, dass du unerlaubt gekommen bist, zehn mitten auf dein Fötzchen.« Er lässt seine Hand auf das besagte Körperteil klatschen und lacht leise.

Seine Fröhlichkeit geht mir jetzt auf die Nerven.

»Dafür, dass du es mir nicht von selbst erzählt hast, zehn Schläge auf den Arsch. Und was wir mit deiner schlechten Disziplin und übermäßigen Geilheit machen, sehen wir dann anschließend.« Er nimmt erneut die Gerte zur Hand. »Mit den Titten fangen wir an, die sind ja noch schön warm und rot.«

Er fährt zur Unterstreichung seiner Worte eine Acht mit der Gerte um meine Nippel. Dann holt er aus und lässt die Gerte durch die Luft sausen. Knapp über meinen Nippeln. Ich zucke zusammen, obwohl er mich nicht berührt hat.

»Ich seh schon«, sagte er, »wir werden ihn vermutlich ohnehin brauchen.« Mit diesen Worten legt er einen Gagball auf meinen Bauch.

Ich kann das Ding nicht leiden. Er verhindert nicht nur Widerworte und dämpft Schreie, sondern sorgt vor allem dafür, dass man sabbert, wie ein Bernhardiner. Ich glaube, John gefällt das sogar und gleich doppelt, weil er weiß, dass ich mich dadurch erniedrigt fühle.

Er holt zum zweiten Mal aus und diesmal trifft die Lederlasche am Ende der Gerte präzise meinen rechten Nippel. Während ich zischend die Luft einsauge und mich bemühe, nicht zu schreien, trifft es den anderen Nippel und die angestaute Luft kommt als Schmerzens- und Wutschrei heraus. Er hat mir keine Zeit gelassen, mich auf den Schlag einzustellen. Das ist unfair. Er hat es darauf angelegt, dass ich schreie und kann mir somit den verabscheuten Gagball anlegen. Natürlich weiß er, dass ich es weiß. Mit seinem sanftesten Lächeln und einer sardonisch hochgezogenen Augenbraue schaut er auf mich herab, während er den Gagball nimmt, als wolle er mich herausfordern, etwas dazu zu sagen. Aber dafür kenne ich ihn zu lange. Ich schweige und wehre mich nicht, als er den Ball in meinen Mund presst und die Lasche an meinem Hinterkopf festzieht.

»Bei einem Hieb hast du geschrien und dich bewegt«, stellt er fröhlich fest, »deshalb wiederholen wir den doppelt.«

Meine Augen weiten sich und er zwinkert mir zu. Dann gehen die beiden Hiebe auf meine Nippel herunter und der Gagball dämpft meine Schreie. Sanft massiert er die Nippel und die Brust. Dann setzt er zwei weitere Schläge an. Je einen pro Nippel. Sie brennen wie Feuer und seine Hand, die danach über Nippel und Brust streichelt, tut gut. Zwei weitere. Noch zwei. Mir laufen rechts und links die Tränen ins Haar.

»Nun, ich glaube, du brauchst etwas moralische Unterstützung …«

John holt unseren »Magic-Wand«-Massagestab, der hinter

ihm bereit liegt, setzt ihn auf der ersten Stufe in Gang und hält den schwingenden Kopf ohne weitere Umstände an meine Klitoris. Meine Beine zucken, als eine Welle der Lust mich durchschießt.

Kurz darauf nimmt er den »Magic-Wand« schon wieder weg und lacht leise, als mein Becken sich hebt, um dem Reiz zu folgen. Er schiebt den laufenden Massagestab zwischen meinen Beinen nach oben, sodass er die Schamlippen stimuliert, ohne meine Klitoris zu berühren und lässt ihn dort liegen. Er weiß, dass ich so nicht kommen werde.

Und das habe ich auch noch nicht verdient. Erst kommt die Strafe.

»Bereit?«, fragt er und streicht mir eine Haarsträhne aus der Stirn.

Ich nicke und beiße auf den Gagball, als die Schläge wieder beginnen. Meine Brüste brennen wie Feuer und mein Unterleib reibt sich verzweifelt an dem »Magic-Wand«. Bei den letzten Schlägen muss der Knebel wieder meine Schreie dämpfen. John legt die Gerte weg und nimmt den Massagestab zur Hand. Wieder wird er auf meine Klitoris gesenkt und ich stöhne.

John schaltet eine Stufe höher und führt kreisende Bewegungen aus. »Schließlich wollen wir doch, dass du für die nächste Etappe schön empfindlich bist«, sagt er, bevor er den Massagestab ausschaltet und zur Seite legt. Er krempelt seinen rechten Ärmel hoch und legt seine Hand zwischen meine Beine.

»Zwanzig Schläge sollten genügen, um dich bereit zu machen, oder?« Natürlich erwartet er keine Antwort.

Mit beiden Händen drückt er meine Knie noch weiter auseinander, dann beginnt er, meine entblößte Mitte mit der bloßen Hand zu schlagen. Auch hier verstärkt er die Schläge nach und nach, nur treffen sie immer wieder dieselbe Stelle. Ich winde mich und John drückt mir erneut die Schenkel auseinander. Als er fertig ist, brennt meine Muschi wie Feuer, sie ist sicherlich auch knallrot.

»Gut durchblutet und bereit für die Gerte.« Ein abschließender Klaps und schon hat John die Gerte in der Hand, die er herabsausen lässt. Direkt setzt er einen zweiten Schlag nach, aber ich habe meine Beine reflexartig geschlossen und so trifft er nur meinen Oberschenkel.

»Oh oh ... den holen wir wieder doppelt nach«, sagt er erneut mit dieser enervierenden Fröhlichkeit in der Stimme, während er meine Knie mit weiteren Riemen festschnallt, sodass ich ihm nun völlig wehrlos meine Muschi präsentiere.

Weitere Schläge prasseln auf meine Schamlippen und meine Klitoris ein. Ich kämpfe, obwohl ich weiß, dass es hoffnungslos ist, gegen die Riemen, die meine Beine fesseln.

Dann ist es vorbei.

John atmet jetzt auch schwer und vorn in seiner Hose zeigt sich eine deutliche Ausbuchtung. Er legt die Gerte beiseite und schnappt sich den »Magic-Wand«. Diesmal schaltet er ihn auf höchste Stufe und legt ihn so zwischen meine Beine, dass er meine schmerzende Klitoris berührt. Ich bin immer noch fixiert und kann nichts dagegen tun, bin in Schmerz und Lust gefangen. Ohne weitere Umstände befreit John dann seinen harten Schwanz, tritt an das Kopfteil des Tisches, umfasst meinen Nacken mit einer seiner großen Hände, reibt den Schwanz an meinem Gesicht, während er den Gagball löst und schiebt ihn mir dann tief in den Mund. Seine andere Hand findet meine Brüste.

»Du kleines, geiles Luder«, stöhnt er und pumpt. »Das ist es doch, was du willst ...«

Ich fühlte, wie die Waage zwischen Lust und Schmerz sich Richtung Lust verlagert und mein Orgasmus sich aufbaut. Ich beginne aktiv an Johns Schwanz zu saugen und den Kopf, soweit es mir möglich ist, mit den Stößen zu bewegen. Da wird mir der Schwanz aus dem Mund gezogen und der Massagestab entfernt.

»Nicht so schnell, du schwanzgeiles Biest«, stöhnt John. »Erst sind noch die Schläge auf deinen Arsch fällig. Und zur Strafe, dass du Sirene mich fast verführt hättest …«

Er dreht sich um und kommt mit einem Paar Nippelklemmen zurück, die er vor meinen Augen schwenkt. Er wartet kurz, ob ich dagegen protestieren werde, dann bringt er die Klemmen schnell und geschickt an den Nippeln an. Ich schließe die Augen und warte, dass der erste scharfe Schmerz, dem dumpferen Platz machen wird, während John bereits die Stricke löst, mit denen ich gefesselt bin. Als ich aus der Welt des Schmerzes auftauche, hilft mir John behutsam, meine Glieder zu bewegen und mich aufzusetzen. Ich wende mich instinktiv dem Andreaskreuz zu, denn dort verabreicht er in der Regel Schläge auf Rücken und Po und fickt mich gern auch im Anschluss, während ich mit gespreizten Armen und Beinen hilflos dort stehe. Aber er schüttelt den Kopf und hilft mir, vorsichtig zum Strafbock zu gehen.

Jetzt sehe ich erst, dass neben dem Strafbock ein mit einer Plane abgedecktes Gebilde steht. Ich kneife die Augen zusammen. Was immer es ist, es ist neu. John streift mir den Rock ab und beugt mich über den Bock. Er fixiert meine Beine an den entsprechenden Schlaufen. Dann zieht er mich an meinen Armen über den Bock und fixiert diese ebenfalls. Dabei löst sich eine der Nippelklemmen, als mein Oberkörper über die lederne Oberfläche des Bocks streicht. Aber ich sage nichts. Zum einen kann er es nicht sehen, zum anderen wird sich die zweite Klemme ohnehin auch bald lösen, spätestens durch die Reibung, wenn er beginnt, mich zu ficken. Außerdem bin ich ganz froh, den Schmerz los zu sein.

Ich höre John hinter mir rumoren. Ich kann den Kopf nicht weit genug wenden, um zu sehen, was er da treibt, aber ich schätze, dass es etwas mit dem Ding unter der Plane zu tun hat. Das hat er also an den Abenden der letzten Zeit getrieben, wenn er sich in den Keller verzog. Joachim ist handwerklich sehr geschickt und recht erfinderisch. Er ist in der Szene mittlerweile auch dafür bekannt. Einige der Möbel, die er für unsere Spiele entworfen und in die Tat umgesetzt hat, verkauft er nebenbei auch über einen Online-Shop. Den Tisch, auf dem ich bis vor Kurzem fixiert gewesen bin, hat er sicher schon zehn oder zwölf Mal für andere Pärchen gebaut.

Ich höre das Geräusch von etwas, das über den Boden gerollt wird. John steht nun hinter mir und macht sich zwischen meinen Beinen zu schaffen. An sich ein recht wünschenswertes Szenario. Ich beiße mir auf die Lippe. Die Tatsache, dass er nicht kommentiert, was er da tut, steigert die Spannung und macht mich zusätzlich nervös. Etwas berührt meine Schamlippen. Es ist feucht, fast glitschig. Öl? Es wird weiter nach vorn geschoben, bis es meine Klitoris berührt. Ich höre ein Quietschen und fühle eine rhythmische Bewegung hinter mir. Der Druck verstärkt sich. Was immer es ist, John stellt gerade die Höhe ein. Dann höre ich das leise Klicken eines Schalters und die weiche glitschige Masse beginnt zu schwingen. Sofort erkenne ich den »Magic-Wand«.

John hat anscheinend einen Halter gebaut, der den Kopf gegen meine Klitoris drückt, während ich an den Bock gefesselt bin.

Jetzt tritt er zurück. Seine beiden Hände landen klatschend auf meinen Pobacken und er beginnt sie zu massieren.

»So, meine Liebe, ich glaube, damit werden wir noch viel Spaß haben ... beziehungsweise du, Madam Unersättlich.«

Der Tonfall, in dem er das sagt, gefällt mir irgendwie nicht.

Da schwingt ein Ton mit, den ich eigentlich mit seiner sadistischen Ader assoziiere. Dennoch kann ich dem Vibrieren an meiner Muschi natürlich weder widerstehen noch mich ihm entziehen.

»Zehn Hiebe, nicht wahr«, erklingt Johns Stimme hinter mir.

Seine Hände reiben immer noch meine Pobacken und greifen ab und an zu. Fester jetzt. Dann kommt der erste Schlag. Mit der bloßen Hand schlägt er mal rechts, mal links auf meinen Po ein, dass es klatscht. Das tut viel weniger weh, als die Schläge vorher und zusätzlich sorgt die permanente Stimulation an meiner Klitoris für eine angenehme Erregung. Ich wünsche, er würde eine etwas höhere Stufe einstellen. Reden und ihn darum bitten, darf ich natürlich immer noch nicht. So winde ich meinen Po ein wenig hin und her und reibe mich an dem »Magic-Wand«, um John auf meine Wünsche hinzuweisen.

»Immer noch so geil?«, fragt er.

Er fasst zwischen meine Beine und stellt den Massagestab eine Stufe höher. Bevor ich mein Glück und die erhöhte Vibration jedoch richtig genießen oder ausnutzen kann, trifft mich schon der erste Schlag mit der Gerte. Ich habe gar nicht bemerkt, wie er sie zur Hand genommen hat. Weitere Schläge prasseln auf meinen Arsch.

Dann höre ich John fragen: »Du passt doch auf, oder? Wie viele Schläge waren das?«

Ich habe nicht aufgepasst. Ich bin zu erregt, kurz davor zu kommen, ohne dass ich es bislang geschafft habe. Ich stöhne und rate aufs Geratewohl: »Acht vielleicht?«

»Wohl nicht«, sagt er mit einem trocken Lachen und fügt, wie ich befürchtet habe, hinzu: »Da müssen wir wohl von vorn beginnen. Bitte zähl doch mit, Liebes.«

Er holt erneut aus und die Gerte saust auf meine Pobacke.

»Eins«, presse ich heraus.

Die andere Pobacke.

»Zwei.«

Bei Vier greift er wieder zwischen meine Beine und stellt den »Magic-Wand« auf eine höhere Stufe. Dann noch einmal bei Acht. Mittlerweile kommen die Zahlen in einer Mischung zwischen Schreien und Stöhnen aus meinem Mund. Als der letzte Schlag fällt, drängt er sofort seinen Schwanz an mein feuchtes Loch und stößt heftig zu.

Ein »Oh Gott, ja«, entschlüpft mir und ich dränge mich ihm, soweit ich kann, entgegen.

Sofort landet seine Hand kräftig auf einer meiner ohnehin schon brennenden Backen. »Ruhe!«, fordert er. Während er mich so hart fickt, dass unsere Becken mit einem lauten Klatschen aufeinandertreffen, zwängt er seine Hände zwischen den Bock und mich, bekommt die Nippelklemmen zu fassen und zieht an ihnen. Die eine ist bereits gelöst, die andere jedoch sitzt noch fest, und als sie nun so ruppig abgezogen wird, verursacht das einen stärkeren Schmerz, als beim Anbringen. Ich schreie gellend auf. Und komme. Ich komme so heftig, dass mir die Knie wackeln und ich gar nicht mitbekomme, dass sich auch John in mir verströmt. Gut, dass ich festgebunden bin, ich hätte mich allein nicht halten können. John wird mich stützen müssen, wenn er mich losbindet.

John hat seinen Oberkörper leicht auf mir abgelegt, seine Brust schmiegt sich an meinen Rücken.

»Braves Mädchen«, flüstert er und gibt mir einen Kuss auf die Wange. Dann richtet er sich auf, schaltet den Massagestab ab und zieht sich aus mir heraus. Ich erwarte, dass er mich nun losbindet, doch er tritt nur einen Schritt zurück.

»War es geil für dich?«, fragte er. »Hast du bekommen, was du wolltest?« Er wartet meine Antwort nicht ab. »Wie wäre es mit ein bisschen mehr? So ein unersättliches Luder wie du, verträgt doch sicher eine zweite Runde.«

Ich habe keine Ahnung, was er damit meint, aber mir dämmert langsam, dass es diesmal wohl etwas anders ablaufen wird als sonst. Ich höre ihn wieder an der Plane hantieren, höre, wie diese mit einem Ruck beiseitegezogen wird und wieder kommt etwas auf mich zu und wird zwischen meine Beine gerollt. Etwas glitschig Hartes berührt meine Muschi, dringt dann in mich ein. Es dehnt mich, obwohl John, der nicht gerade klein bestückt ist, mich bis eben noch gefickt hat. Es wird tiefer und tiefer in mich eingeführt.

»Ich habe für die ›Jungfernfahrt‹ einen schön großen Dildo gewählt. Das gefällt dir doch sicher?«, fragt John. »Keine Sorge, ich habe noch einige größere Exemplare auf Lager, auch welche mit etwas mehr Pfiff. Doppelte oder mit Noppen ... Ich werde mir wohl auch einen mit Borsten besorgen. Ich kann es kaum erwarten, dein rotes Fötzchen zu sehen, nachdem ich dich damit behandelt habe.«

Ich höre die unterdrückte Erregung in seiner Stimme und glaube ihm aufs Wort. Aber ich verstehe nicht, was es mit der »Jungfernfahrt« auf sich haben soll.

Der »Magic-Wand«-Massagestab wird wieder eingeschaltet und auf eine mittlere Stufe hochreguliert.

»Aber für heute reicht dieser völlig aus, denke ich«, sagt John, während er sich etwas von mir entfernt. Er hantiert in dem Bereich, in dem der mit der Plane bedeckte Aufbau steht. Der Dildo fängt an, sich in mir zu bewegen. Eine sanfte Vibration, die stärker und stärker wird.

»Wie ist das?«, höre ich John fragen. »Kannst du das spüren?«

»Ja ... ja ... Oh Gott, ich spüre es ...«, stöhne ich.

Die Vibration in mir in Verbindung mit der Vibration durch den Massagestab hat mich direkt kurz vor den nächsten Orgasmus katapultiert.

»Scheint Madam Unersättlich gut zu gefallen …«, kommentiert John. »Schauen wir mal, wie es damit ist …«

Der Dildo beginnt in mir vor und zurück zu gleiten. Langsam und sanft erst. John kommt und überprüft, wie tief er sich in mich bohrt und zieht ihn ein Stück zurück. Er scheint ganz auf seine Justierung und seine Technik konzentriert, denn er ignoriert mein heiseres Stöhnen und meinen Unterleib, der sich in schierer Lust windet.

John geht wieder zu seinen Kontrollen oder was das ist, das diese Maschine in mir steuert, und beschleunigt das Ding. Härter, schneller und noch härter werde ich auf seinen Befehl hin gefickt, bis er einen erbarmungslosen Rhythmus erreicht hat, der dem von John, wie er mich eben genommen hat, in nichts nachsteht. Binnen Minuten katapultiert mich das über den Rand des Orgasmus', der zum zweiten Mal in mir erbebt und mich dazu bringt, laut aufzuschreien. Gott, ist das gut!

John legt eine Hand auf meinen Kopf und schaltet die Vibration des Massagestabs zwischen meinen Beinen ab. Ich erschlaffe und warte, dass er die Fickmaschine ausstellt. Aber die Maschine läuft weiter.

»Meine kleine Maschine scheint dir zu gefallen …« John malt träge Kreise auf meinen Nacken und Rücken. »Du solltest dich bei mir bedanken.«

Ich beeile mich, ihm für die großartigen Orgasmen zu danken, füge allerdings hinzu: »Bitte, John, kannst du es jetzt ausschalten?«

»Ausschalten? Nein, Madam Unersättlich, ich denke nicht. Ich denke, wir lassen es noch eine Weile laufen. Es kann auch noch schneller, weißt du? Drehen kann er sich auch …«

So langsam schwant mir, welche Strafe John mir für meine, wie er sich ausdrückt, Gier, zugedacht hat. Er geht zurück an seine Kontrollen und die Vibration verstärkt sich. Dafür werden die Stöße langsamer.

»Ich denke, wir testen erst einmal die Drehung«, höre ich ihn sagen und schon beginnt der Vibrator, sich in mir mit kurzen Intervallen nach rechts und links zu drehen. John kommt zu mir und steckt einen Finger in mich, um die Bewegung zu prüfen. Er beschleunigt und verringert die Drehung und kombiniert sie mit Vibration. Ab und an schaltet er den »Magic-Wand« ein, lässt ihn aber nur so lange laufen, bis mein Atem schneller wird und schaltet ihn dann prompt wieder aus.

Es ist eine Folter. Er probiert alle möglichen Kombinationen und Geschwindigkeiten und beobachtet oft minutenlang einfach nur, wie seine Maschine mich unerbittlich und ohne Pause fickt. Aber er lässt mich nicht kommen. Schließlich kommt er zu mir und geht vor meinem Gesicht in die Hocke. Er bringt seinen Mund nahe an mein Ohr und flüstert: »Haben wir eine Lektion gelernt, Madam Unersättlich? Werden wir zukünftig die Regeln nicht mehr mutwillig übertreten, aus purer Geilheit? Weil wir die Strafe genießen?«

Ich nicke enthusiastisch, ich will nur, dass er mich losbindet und aufhört, mich mit dem Ding zu vögeln.

»Dann darfst du jetzt kommen«, sagt er. »Willst du?«

Ich bin misstrauisch, aber ich kann das Angebot nicht einfach ausschlagen und nicke erneut.

»Sag es«, flüstert er. »Sag: John, mein Herr, bitte mach, dass ich komme.«

»John, mein Herr, bitte mach, dass ich komme. Bitte lass mich endlich kommen«, keuche ich.

»Gut«, sagt er laut und steht auf. »Dann alles auf höchste Stufe, würde ich sagen.«

Er schaltet erst den »Magic-Wand« an und dreht ihn bis zum Anschlag auf – dann lässt er den Dildo vibrieren – er dreht sich und fickt mich gleichzeitig in erbarmungslosem Tempo.

John lässt etwas Öl zwischen meine Hinterbacken und auf den Vibrator laufen, um ihn so zu schmieren.

Dann kommt er zu mir nach vorn. Er öffnet seine Hose und holt seinen mittlerweile wieder erigierten Schwanz heraus. Es scheint ihm viel Spaß gemacht zu haben, mich mit seinem neuen Spielzeug zu foltern. Sein Ding ist steinhart, die Adern stehen hervor und die Spitze glänzt nass.

»In dem Moment, wo ich in deinem Mund komme, schalte ich den ›Magic-Wand‹ aus. Nicht früher. Kapiert?«

Er hält mir seinen Schwanz entgegen und ich beginne sofort zu blasen. In mir baut sich bereits der Orgasmus auf. Ich bin geil darauf und auch darauf, Johns Schwanz zu lutschen. Aber ich vermute, dieses Mal wird das Kommen quälend und schmerzhaft sein. Ich weiß, was passieren wird, wenn meine Klitoris danach weiter gereizt wird. Es ist eine einzige Qual. Also gebe ich mir Mühe. Mit Erfolg. John kommt vor mir. Er stößt tief in meinen Hals, und ich fühle sein Sperma pulsierend herauskommen, meine Kehle hinabrinnen. Er ist jedoch fair und lässt seinen Schwanz noch solange in meinem Mund, wo er ab und an zuckt, bis auch ich endlich gekommen bin.

Erst dann schaltet er alles ab, zieht den Vibrator aus mir heraus und schnallt mich los. Er trägt mich auf seinen Armen aus dem Keller. Als er mich auf unser Sofa legt und mir sanft über den Kopf streichelt, bin ich schon fast eingeschlafen. Ich spüre, wie er mir einen Kuss auf die Schläfe haucht.

»Wirst du in Zukunft brav sein?«, höre ich ihn fragen.

Ich weiß nicht mehr, ob und was ich ihm geantwortet habe, bevor ich, geborgen in seinen Armen, einschlafe.

11. ICH HOFFE, DU WEHRST DICH!

Er spurtete die Treppe hoch, weil es in dem alten Haus keinen Aufzug gab. Die paar Stufen waren für ihn natürlich kein Problem. Vierter Stock, hatte sie gesagt. Er war gespannt, wie sie aussah … und ob es funktionieren würde. Das war sein letzter Versuch. Wenn es nicht klappte, wusste er nicht, wie es weitergehen sollte. Das hieß, er wusste es schon, aber nicht, wo es ihn hinbringen würde. Er war jetzt fast vierzig, aber er sah deutlich jünger aus, durchtrainiert bis in die Haarspitzen. Alles in allem war er zufrieden mit sich. Auch mit dem dunklen Drang in ihm hätte er leben können. Sogar gut. Wenn das Ausleben nicht so viele Komplikationen mit sich brächte.

Er hatte lange gedacht, er wäre einfach dominant. Jahrelang hatte er sich in der Szene rumgetrieben, unzählige Sessions hinter sich gebracht, aber es reichte nie, um den Trieb in ihm wirklich zu befriedigen.

Seine Partnerinnen ließen ihn in der Regel schnell kalt, der Reiz wurde schal und er langweilte sich und servierte sie ab. Wirkliche Erregung empfand er meist nur, wenn er zu weit ging. Grenzen zu überschreiten, sie zu etwas zu zwingen, das sie wirklich nicht wollten …

Er rieb sich den Mund, als er am Schild für den zweiten Stock vorbeikam. Die Hälfte war geschafft. Was er wirklich wollte, war, eine Frau gegen ihren Willen zu nehmen. Nur war das leider strafbar und was er auf keinen Fall wollte, war, in den Knast zu gehen. Also hatte er diese … Vereinbarung getroffen.

Vor ein paar Wochen war er im Internet auf die Anzeige gestoßen. Erst hatte er sie gar nicht beachtet. Er war auf einem Portal der BDSM-Szene unterwegs gewesen, der Sklavenzentrale. Wie immer auf der Suche nach einem neuen Kick, der seinen Trieb eine weitere Weile in Griff halten würde. Wie üblich hatte er die Anzeigen am Rand von Nutten, die zugaben, dass sie Nutten waren, und Nutten, die so taten, als wären sie keine, ignoriert. Aber dann hatte sich diese eine doch in sein Bewusstsein geschoben. Weil sie ungewöhnlich war. Kein Bild von Titten, Arsch oder einem offenen Mund, sondern nur der Text, der mit »RAPE Szenario« begann. Er hatte sich den restlichen Text durchgelesen und dann an die genannte E-Mail-Adresse geschrieben.

Die Betreiberin bot einen speziellen Service, einen, den sie »Realitätsnahe BDSM-Rollenspiele« nannte.

Und zu genau so einem Rollenspiel war er jetzt unterwegs. Deswegen trug er auch eine Arbeitshose und einen Werkzeugkoffer. Er sollte den Handwerker geben. Mit diesem vorgetäuschten Grund würde er sich Zugang zu der Wohnung verschaffen. Dann konnte er mit ihr machen, was er wollte. Sie hatte versprochen, sich überzeugend zu wehren.

Er klingelte und wartete auf ihre Schritte auf der anderen Seite. Aus irgendeinem Grund hatte er erwartet, dass sie High Heels tragen würde, aber die Frau, die die Tür öffnete, die Kette noch vorgelegt und durch den Spalt lugte, trug Wollsocken, Jeans und ein einfaches blaues T-Shirt. Sie hatte ein wirklich hübsches Gesicht, blonde lange Haare in einem Pferdeschwanz zusammengefasst, trug aber kaum Make-up. Das klassische Mädchen von nebenan.

War er hier überhaupt richtig? Er runzelte die Stirn, als sie »Ja, bitte?« fragte. Da er kein Foto von ihr gesehen und alles per E-Mail geregelt hatte, konnte er sie weder am Gesicht noch an der Stimme erkennen. Er sah sich nochmal um. Vierter Stock und dann die erste Tür, hatte sie gesagt. Diese Tür hier lag direkt gegenüber des Treppenhauses. Deshalb hatte er hier geklingelt. Aber was, wenn sie die erste Tür rechts gemeint hatte?

»Kann ich Ihnen helfen?«, fragte sie nun noch einmal und klang dabei etwas ungeduldig.

Er beschloss, erstmal seine Story zu erzählen und sich Zutritt zur Wohnung zu verschaffen. Dann würde er eventuell erkennen, wer sie war. Also trug er sein Sprüchlein von dem Wasserschaden in der Wohnung unter ihr und der Wohnung darunter vor, und zeigte den Ausweis, den er sich gebastelt hatte. Er äußerte die Vermutung, dass der Ursprung in ihrem Bad lag, fragte, ob sie eine Badewanne, eine Dusche oder beides hätte.

Sie meinte erst, es käme ihr komisch vor. Aber nach ein bisschen hin und her, seiner Ansage, dass er aktuell noch komplett von der Hausverwaltung bezahlt würde, aber eine zweite Anreise auf ihre Kosten ginge und einem angedeuteten Abwenden, lenkte sie ein und ließ ihn dann tatsächlich in die Wohnung.

Sie führte ihn ins Badezimmer. Er lief hinter ihr den Flur lang und beobachtete ihren Arsch in der engen Jeans. Nichts deutete darauf hin, dass sie eine professionelle Hure war. Andererseits hatten sie es ja genauso abgesprochen.

Im Bad drehte sie sich zu ihm herum und fragte höflich, ob er etwas trinken wollte. Er bat um ein Glas Wasser und sah ihr nach, wie sie aus dem Bad ging.

Scheiß drauf, dachte er. Er würde das jetzt durchziehen, wollte sie sich so richtig vornehmen und danach würde er die vereinbarten dreitausend Pfund dalassen und gehen.

***

Als sie zurückkam, lag sein Handy auf dem Badewannenrand und spielte leise Musik. Klassisch. Etwas mit viel Geigen und Tamtam. Er zauberte ein schuldbewusstes Lächeln auf sein Gesicht und murmelte, dass er hoffte, es störte sie nicht. Zum ersten Mal war ihr Lächeln echt und nicht rein höflich. Das machte sie noch viel hübscher und er wurde steif.

Er ging auf sie zu, tat so, als würde er nach dem Wasser greifen und dann wirbelte er sie herum, presste ihr eine Hand auf den Mund, damit sie nicht schrie und womöglich neugierige Nachbarn alarmierte. Er wollte ihr das Wasser abnehmen, aber sie ließ nicht los.

»Wenn das Ding auf die Fliesen knallt und zerspringt, dein Pech«, zischte er ihr ins Ohr. »Du bist die ohne Schuhe ...«

Sie gab nach. Er stellte das Glas auf dem Waschbeckenrand ab. Besser, wenn es nicht zerbrach, das rief vielleicht einen überbesorgten Nachbarn auf den Plan.

Sie zappelte in seinem Griff, aber er zog sie zur Badewanne, damit er sein Handy erreichen und die Musik so richtig laut stellen konnte. Das Gerät hatte für seine Größe eine beachtliche Leistung.

Dann nahm er seine Hand von ihrem Mund. Sofort fing sie an, zu labern, dass er ihr nichts tun sollte, dass sie Geld im Haus hätte und es ihm geben würde. Wenn sie das spielte, war sie nicht schlecht. Sobald er anfing, an ihren Titten herumzufummeln, legte sie eine andere Platte auf.

»Nein, bitte ... bitte nicht!« Dann schrie sie um Hilfe.

Das gefiel ihm und er wurde noch steifer.

Die Dinger schienen auch richtig gut geformt zu sein, aber vielleicht war es auch der BH, den sie trug. Um das herauszufinden, zog er ihr das Top aus der Jeans und nach oben, rupfte die Titten aus den BH-Schalen. Ja, genau wie er gedacht hatte ... Der BH hatte etwas nachgeholfen, aber trotzdem waren sie nicht schlecht. Er spielte ein bisschen mit den Nippeln, drückte und zog und hörte auf ihre Schreie und ihr Flehen. Er rieb seinen steifen Schwanz an ihr und überlegte, was er als Nächstes mit ihr machen sollte.

Da änderte sie ihre Taktik und versuchte, sich zu wehren. Ihre Fingernägel fuhren durch sein Gesicht und hinterließen mit Sicherheit Striemen, sie stampfte ihm auf den Fuß, riss sich los und schoss aus dem Bad. Im Flur hatte er sie eingeholt, griff sich eine Handvoll von dem blonden Haar und riss daran.

Sie landete schreiend mit dem Arsch auf dem Boden. Das hatte bestimmt wehgetan. Als sie sich auf alle viere hochstemmte, riss er ihren Kopf herum, sodass er vorn an seinem Hosenschlitz an die Wölbung seiner Erektion stieß. Er war jetzt voll auf Touren und wusste eine Menge Dinge, die er mit ihr anstellen würde.

»Ich hab hier was Schönes für dich, Schlampe«, knurrte er. »Willst du es dir nicht holen?«

Seine Hand immer noch in ihrem Haar verkrallt, drückte er ihr Gesicht an seine Hose und rieb sich an ihr.

»Nein? Dann helfe ich dir dabei.« Mit der anderen Hand öffnete er den Hosenschlitz und ließ seinen Schwanz herausschnellen, direkt in ihr schönes Hurengesicht.

»Los, mach schon, lutsch ihn.«

Oh man, wie sie ihn von unten herauf ansah, diese Verzweiflung, die Angst in ihren Augen – das konnte sie doch unmöglich spielen!

»In den Mund nehmen, sofort«, wiederholte er und jubilierte innerlich, als sie ihr Gesicht zur Seite drehte, wobei sie sich vermutlich selbst ein paar Haare, die in seinem Griff gefangen waren, ausriss.

Er ließ seinen Schwanz los, den er an ihre Lippen gedrückt hatte und gab ihr zwei saftige Ohrfeigen, von rechts nach links mit der Handinnenfläche und dann mit der Rückhand in die andere Richtung. Er beobachtete, wie ihr Kopf hin- und herflog, ihre Hände zum Gesicht fuhren und sich ihre Augen mit den ersten Tränen füllten.

»Wenn ich etwas sage, dann gehorchst du, Schlampe, und zwar sofort!«

Er packte wieder seinen Schwanz und wollte ihr Gesicht auf ihn ziehen, aber das freche Ding schützte sich mit den Händen. Nun, das konnte man ändern. Er griff in eine der praktischen Taschen des Overalls, die er mit vielen nützlichen Dingen gefüllt hatte und holte eine Rolle Gaffa, Klebeband, heraus. Dann packte er ihre Schultern und drehte sie auf dem Boden so herum, dass sie mit dem Rücken zu ihm kauerte. Sobald sie schnallte, was er vorhatte, bäumte sie sich auf.

Sie lieferte ihm einen richtig guten Kampf, trat nach ihm und versuchte gleichzeitig, panisch wegzukriechen. Am Ende hatte sie ihm natürlich nichts entgegenzusetzen, aber er kam ganz schön ins Keuchen und es wurde auch wirklich ziemlich laut. Dann endlich hatte er sie am Boden und lag auf ihr. Mit seinen einhundertzwanzig Kilos fixierte er sie unter sich und atmete erstmal tief durch, den Kopf an ihrer Schulter. Er konnte sie keuchen und schluchzen hören, spürte, wie sein Schwanz an ihrem Arsch zuckte. Das war wirklich richtig gut, ihr Geld hatte sie echt verdient. Auch wenn er noch lange nicht mit ihr fertig war.

Er richtete sich auf, bis er auf ihrem jeansbedeckten Arsch saß, zwang ihr einen Arm nach dem anderen auf den Rücken und bog sie hoch, bis er mit einem schmerzerfüllten Aufschrei belohnt wurde. Dann band er die Unterarme mit dem Klebeband aneinander. Das würde sie im Leben nicht lösen können. Er griff wieder in seine Tasche und diesmal kam seine Hand mit einem Gagball hervor. Es war überraschend schwer, ihr den anzulegen. Er konnte ihr zwar den Ball in den Mund zwingen, aber jedes Mal, wenn er das Ding hinten schließen wollte, ruckte sie mit dem Kopf oder spuckte den Knebel aus. Also musste er zu härteren Maßnahmen greifen. Mit beiden Knien, rechts und links von ihrem Kopf, fixierte er sie und zog die Schlaufe schön eng an. Hatte sie sich selbst zuzuschreiben!

Dann drehte er sie, bis sie auf den Rücken plumpste und er ihre tollen Titten wieder sehen konnte.

Da sie sich jetzt nicht mehr wehren konnte, massierte er mit jeder Hand eine Titte und beobachtete dabei ihre Augen über dem Knebel. Er drückte fester zu und genoss es, wie ihre Augen sich weiteten und frische Tränen herausliefen. Er senkte den Kopf und ließ ihre Nippel seine Zähne spüren. Sie wand sich hilflos unter ihm und versuchte, durch den Knebel zu schreien. Er musste sie unbedingt ficken, bevor es ihm womöglich direkt hier kam. Also richtete er sich auf und stieg von ihr runter.

Er öffnete ein paar Türen. Alle Zimmer sahen ganz normal aus, aber mittlerweile war es ihm völlig egal, ob sie die Nutte war oder nicht. Schließlich waren die Weiber ohnehin alle Huren.

Als er ihr Schlafzimmer gefunden hatte, in dem ein schönes breites Bett stand, das praktischerweise sogar Pfosten hatte, ging er zurück zu ihr und packte sie wieder am Haar. Er riss sie hoch und schleifte sie in die Richtung. Da ihre Hände gefesselt waren, musste sie, halb auf dem Boden sitzend, hinter ihm herkrabbeln, indem sie sich hektisch mit den Beinen abstieß. Das, oder noch mehr Haare lassen ... Er grinste. Im Schlafzimmer ließ er sie vor dem Bett los und ging in Richtung Flur. Er würde seinen Koffer brauchen.

Als er mit seinem Handy, das immer noch laut Musik spielte, und dem Koffer zurück ins Schlafzimmer kam, lag sie immer noch schluchzend am Boden. Er stellte den Koffer ab, legte das Handy daneben, fasst sie unter den Armen, zog sie hoch und schob aufs Bett. Er presste ihren Oberkörper über den Rand. Es war ein bisschen niedrig, aber es würde gehen. Er stellte sich dicht hinter sie, denn sie versuchte schon wieder zu treten, und nestelte ungeschickt an den Knöpfen ihrer Jeans herum. Er hörte, wie sie gedämpft durch den Knebel schrie.

»Das heißt dann wohl, dass du dich schon darauf freust, was kommt, oder? Sonst hättest du wohl die Chance genutzt, mir vorhin einfach einen zu blasen.«

Er riss ihre Jeans und das Höschen nach unten, bis ihre Fotze freilag. Dann bohrte er versuchsweise einen Finger in sie hinein. Ziemlich trocken. Also spuckte er sich auf die Hand, verschmierte den Speichel an ihrem Eingang und platzierte seinen Schwanz an ihrem Loch, während er ein wenig Druck ausübte. Ihre gedämpften Schreie wurden lauter und sie zappelte wie verrückt.

Er beugte sich vor, bis sein Mund nahe an ihrem Ohr war, und schob seine Hände unter sie, an ihre Brüste. Er zog ihre Nippel abwechselnd lang und drückte sie zusammen, während er ihr erzählte, was er tun würde.

»Oh ja, ich werde dich jetzt ficken. Hart. Und dann werde ich dich bestrafen. Hart. Weil du dich widersetzt hast. Und damit sind wir zwei noch lange nicht am Ende. Jetzt gehörst du mir. Ich werde dich in jedes deiner Löcher ficken. Ich werde mit Schmerzen dafür sorgen, dass du lernst, mir zu gehorchen. Wenn ich mit dir fertig bin, wirst du darum betteln, meinen Schwanz lutschen zu dürfen.«

Mit einem letzten schmerzhaften Zusammenpressen ihrer Nippel richtete er sich auf, blickte dann auf die Frau herab, die vor ihm lag. Das halb in den Decken vergrabene tränenverschmierte Gesicht mit dem zerlaufenen Make-up und den zerzausten Haaren ... So gefiel sie ihm noch besser, als vorhin an der Tür. Ihr entblößter Rücken, der sich unter ihren verkrampften Atemzügen hob und senkte, die beiden festen Arschbacken und der Spalt dazwischen, an den sich sein Schwanz presste. Er packte sie fest an den Hüften, dann stieß er sich mit einem Ruck in ihre Enge. Er fing an zu pumpen, musste aber bald eine Pause machen, sonst hätte er direkt in ihre enge Fotze gespritzt. Ein paar Stöße, Pause, stoßen, Pause ... Er baute einen Rhythmus auf. Wenn er sie nicht gerade stieß, ließ er seine Handfläche auf ihren Arsch herabsausen, hinterließ mit den Nägeln Striemen auf ihrem Rücken oder quetschte das empfindliche Fleisch an ihren Hüften. Es gefiel ihm, wie sie dabei schrie und wimmerte. Schließlich zog er sich zurück, ohne gekommen zu sein.

Sie bewegte sich nicht. Er hörte sie leise schluchzen.

Er bückte sich und öffnete den Koffer, den er neben dem Bett abgestellt hatte. Seine Hand zögerte kurz, dann nahm er eine einfache Gerte heraus. Er ließ sie ein paarmal in seine Handfläche klatschen und war enttäuscht, als das keine Reaktion bei ihr hervorrief. Er ging zur Seite des Bettes, legte die Gerte dort ab, wo sie sie sehen musste, und beugte sich wieder über sie.

»Das war der erste Fick. Jetzt kommt die erste Strafe«, flüsterte er in ihr Ohr.

Er sah, dass ihre Augen sich weiteten und ihr Kopf sich hob. Sie sagte etwas, aber er konnte es nicht verstehen. Kurz überlegte er, ihr den Knebel abzunehmen, aber das würde später kommen – erst die Schläge.

Er nahm die Gerte, ging in seinen schweren Arbeitsschuhen um das Bett herum, bis er wieder hinter ihr stand. Spielerisch ließ er das Lederstück am Ende der Gerte über ihren Rücken und den Schwung der Hüfte gleiten. Dann ließ er es das erste Mal auf ihren Arsch herabsausen. Sie zuckte, schrie gegen den Ball in ihrem Mund an und wurde ganz steif. Als sie in sich zusammensackte, verpasste er ihr den nächsten Schlag, wartete kurz, schlug wieder zu. Auch hier fand er seinen Rhythmus.

Als die Striemen der ersten Schläge zu sehen waren, fuhr er diese mit den Fingern nach. Er wusste, dass das brannte. Nicht nur wegen der Berührung, sondern auch wegen dem Salz auf seiner Haut. Er nahm sich ihren Arsch vor, den unteren Rücken und die empfindliche Rückseite der Oberschenkel.

Als er das Gefühl hatte, es sei genug, ließ er die Gerte fallen, ging um das Bett herum, packte sie an der Schulter und zog sie nach vorn, bis ihr Gesicht unter dem Rand des Bettes in der Luft hing. Er löste den Knebel und legte den Gagball zur Seite. Er wartete geduldig, während sie mit herabhängendem Kopf schniefte, keuchte und schluckte, um wieder besser atmen zu können. Wenn man Rotz und Wasser heulte, waren die Dinger zugegebenermaßen die Pest und er wollte, dass sie ihre Atemwege wieder freibekam.

Sobald sie das hinter sich hatte und den Blick hob, packte er ihren Hinterkopf und schob sie auf seinen Schwanz zu. Er sagte nur ein Wort: »Lutschen.«

Mittlerweile müsste das kleine Luder es ja eigentlich begriffen haben. Sie schloss die Augen und öffnete den Mund, streckte den Hals und tat brav das Verlangte. Er ließ ihr ein bisschen Zeit, dann fing er an, sich zu bewegen, stieß ihr tiefer in den Hals und folgte der Bewegung, wenn sie sich zurückziehen wollte. Sie würgte, wenn er zu tief stieß und wollte ihm ausweichen. Er packte ihre Haare und sorgte dafür, dass sie blieb, wo sie hingehörte. Eine Weile trieb er dieses Spiel.

Dann zog er seinen Schwanz aus ihrem Mund und bog ihn nach oben, hielt ihr seine Eier hin.

»Los, leck mir die Eier.«

Ihre Zunge kam heraus und tat, wie verlangt.

»Nimm sie in den Mund und lutsch an ihnen.«

Auch das tat sie brav.

»Du willst aber lieber wieder meinen Schwanz, oder?«

Als sie erstarrte, legte er die Hand um ihren Kopf und ließ sie nicken.

»Das hat dir gefallen, mir den Schwanz zu lutschen, oder nicht?«

Wieder ließ er sie nicken.

»Sag es!«, verlangte er und zog seine Eier aus ihrem Mund.

Als sie schwieg, schlug er ihr ins Gesicht, nicht zu hart diesmal und wiederholte: »Sag es. Sag, wie gern du meinen Schwanz lutschen möchtest.«

Erneut ein Schlag.

»Sag: Ich möchte deinen Schwanz lutschen, Herr.«

Sie schwieg.

Noch ein Schlag. »Sag: Ich möchte deinen Schwanz lutschen und dass du mir tief in den Hals spritzt.«

Auch nach zwei weiteren Ohrfeigen blieb sie stumm. Hervorragend!

Er holte einen großen Stahlplug und Gleitcreme aus dem Koffer, tat etwas von der Creme auf den kalten Stahl, stellte sich nah hinter sie, brachte den Plug zwischen ihre Hinterbacken und genoss ihr Aufbäumen, sobald sie das Ding spürte. Zentimeter für Zentimeter führte er den Plug ein, dehnte ihren Arsch, ließ sie kalten Stahl spüren, der schnell warm werden, aber keinen Millimeter nachgeben würde.

Jetzt war sie soweit zu betteln. »Nein, nein bitte, nicht tiefer, bitte nicht, bitte ...«

Natürlich machte er weiter, schob ihr das ganze Ding rein, die ganzen dicken sechs Zentimeter. Dann machte er eine kurze Pause und beobachtete, wie sie sich wand, bevor er sie um die Hüften packte und höher aufs Bett schob. Sie fand die Energie zuzutreten, und er musste blitzschnell ausweichen. Er lachte leise, sie gefiel ihm immer besser.

Er holte ein paar Seile aus der Tasche, trat dann wieder ans Bett und zog sie an einem Bein zu sich ran. Sofort versuchte sie, ihm den anderen Fuß ins Gesicht zu rammen. Damit hatte er gerechnet, deshalb fing er ihn mit Leichtigkeit ab und klemmte sich ihren zierlichen Fuß erstmal zwischen die Beine, damit er aus dem Weg war.

Er befreite das erste Bein aus der engen Jeans und dem Höschen, klemmte dieses dann ein und zog die Hose auch von dem anderen Bein. Als sie nackt vor ihm lag, machte er sich ans Werk.

Minuten später zierte ein Bondage ihr Bein, das Ober- und Unterschenkel in vielen Umschlingungen miteinander verband, sodass das Bein angewinkelt war und bleiben würde, egal, wie sehr sie sich anstrengte, um sich zu befreien. Er nahm das zweite Seil und machte sich an das andere Bein, das bisher zwischen seinen muskulösen Oberschenkeln wie in einem Schraubstock festgesteckt hatte. Dann bog er die beiden angewinkelten Beine an den Knien auseinander und entblößte ihre Mitte. Das Endstück des Plugs in ihrem Arsch funkelte. Ihre Spalte darüber war rasiert und von seinem Schwanz gerötet.

Er beugte sich herunter und legte seinen Mund darauf. Sie zuckte krampfhaft und versuchte, sich von ihm wegzustoßen, versuchte die Beine zu schließen, aber er lag dazwischen und hielt sie mit einer Hand umschlungen. Er fing an, über ihr Loch zu lecken und an ihrer Klitoris zu saugen. Er genoss ihre Hilflosigkeit bei diesem erneuten Eindringen in ihr Intimstes. Er steckte seine Zunge tief in ihre Fotze und bewegte sie dort. Dann legte er seinen Mund wieder über ihre Klitoris und saugte. Er schob zwei, dann drei Finger in ihre Fotze, bewegte sie vor und zurück und saugte fester und fester.

Sie wand sich, stöhnte, versuchte, von ihm weg zu kommen. Seine Finger spürten den Stahlplug durch die dünne Verbindung zu ihrem Arsch und er freute sich schon darauf, sie gleich noch einmal zu ficken. Jetzt würde sie sicher noch enger sein. Er schob sich hoch, bis er zwischen ihren Beinen lag und steckte seinen Schwanz wieder in sie rein. Jetzt war sie nass, sodass es trotz der Enge gut flutschte.

Sie lag auf den hinter ihrem Rücken eingeschnürten Armen, während er sie fickte. Keine bequeme Position, aber ihr Oberkörper kam ihm dadurch entgegen. Er nahm das Angebot an und biss ihr in eine ihrer emporgereckten Brüste. Die Schlampe schrie – ein herrlicher, trillernder Laut –, deswegen tat er es immer wieder, hinterließ rote Male überall auf ihren Brüsten. Als er merkte, dass sein Orgasmus sich aufbaute, zog er sich aus ihr heraus und drehte sie um. Er stopfte die Decke unter ihren Bauch und sorgte so dafür, dass ihr Arsch ihm entgegenkam, dann zog er den Plug heraus und versenkte stattdessen seinen Schwanz in ihrem Arschloch. Er fickte sie hart, hielt sie unter seinen Stößen fest, bis er abspritzte. Dann zog er seinen Schwanz heraus und steckte den Plug rasch wieder hinein. Er ließ los und die Nutte fiel auf die Seite.

Er saß auf dem Bett, betrachtete sie eine Weile, bevor er sagte: »Du glaubst, das war's, oder? Glaubst, dass du so leicht davonkommst?«

Sanft streichelte er ihr über die Seite. Sie zuckte von ihm weg. Er holte die Dose, in der er die beiden blauen Pillen aufbewahrte, aus der Tasche, nahm eine heraus und zeigte ihr die klassische Form, bevor er sie schluckte.

»Eine für mich und eine für dich«, sagte er und nahm die Viagratablette, die er für sie vorgesehen hatte.

Natürlich wollte sie sie nicht schlucken.

Am Ende musste er sich auf ihren Oberkörper setzen, ihren Kopf zwischen seinen Beinen. Nachdem er ihren Mund aufgezwungen und die Pille hineingelegt hatte, schüttete er Wasser aus der Flasche neben ihrem Bett nach, bis sie schluckte. Als diese Prozedur beendet war, hatte er wieder einen Steifen. Wie praktisch, dass er genau über ihrem Mund saß.

»Zeit, meinen Schwanz zu lutschen.«, sagte er.

Aber wieder weigerte sie sich, wich aus. Selbst als er sie mit seiner Hand unter ihrem Kinn an seinen Schwanz zwang, weigerte sie sich, den Mund zu öffnen.

»Du hast deine Lektion also nicht gelernt«, stellte er fest. »Aber keine Sorge, ich widerhole die Lektion gern so lange, bis du sie kapiert hast.« Er lächelte sie an. Es wurde Zeit, das Setting zu ändern.

So lange in der Fesselung zu verharren, tat weh, insbesondere, wenn die Fixierung dann gelöst wurde. Deshalb wunderte es ihn nicht, dass ihr Schluchzen lauter wurde, schmerzlicher, als er ihre Arme losband. Positiv vermerkte er, dass sie, sobald er eine Sekunde lang nicht beide Arme im Griff hatte, sofort auf ihn einschlug. Er lachte und ließ sich treffen, sie hatte ohnehin keine Power mehr. Er zwang ihre Arme nacheinander durch die Ärmel des Tops und des BHs. Den BH legte er zur Seite, das Top ließ er aber um ihren Hals hängen. Das könnte sich noch als praktisch erweisen. Dann nahm er das erste der beiden bereitgelegten Bondageseile und band ein paar Schlaufen um ihren Unterarm, nicht zu nah am Handgelenk, den Rest des Seils schlang er um den Bettpfosten auf dieser Seite. Dabei wich er den kraftlosen Schlägen ihrer anderen Hand nur dann aus, wenn sie in sein Gesicht zielten.

Er fing er den freien Arm ein, nahm das zweite Seil und fixierte auch diesen. Nun war sie mit gespreizten Armen an die Bettpfosten gefesselt und er wandte sich ihren Beinen zu, die er nacheinander aus dem Bondage löste und dann an beiden Pfosten fixierte.

Als er fertig war, bildete ihr nackter schweißbedeckter Körper ein atmendes, zitterndes Kreuz auf ihrem zerwühlten Bett. Er stopfte Decke und Kissen unter ihren Arsch, in dem immer noch der Plug sein Sperma daran hinderte, aus ihr herauszulaufen. So wurden die interessanten Teile schön präsentiert, bereit für seine Arbeit an ihr.

Fixiert, hilflos, ihm ausgeliefert und gar nicht geil – so mochte er seine Schlampen. Es hatte ihn bei den anderen

Weibern immer gestört, dass sie bei der Behandlung Lust empfunden hatten. Manche waren dabei gekommen, wie Huren. Nun, diese hier schien bisher keine Lust zu empfinden und genau deshalb war sie reif für den nächsten Teil. Das Viagra würde bald anfangen zu wirken und die Durchblutung ihrer Fotze erhöhen, das würde sie empfindlicher machen. Aber er wollte noch etwas mehr. Deshalb packte er sein Vakuum-Spielzeug aus.

Sie keuchte, als er die verschiedenen Teile neben ihr aufs Bett legte und fing wieder an, auf ihn einzureden.

»So wie ich das verstehe, bittest du mich um etwas und bietest mir nichts dafür an«, stellte er fest und hob ihren hellblauen String vom Boden auf. »Das kannst du dir sparen.«

Er schüttelte den Kopf und stopfte ihr das Höschen in den Mund, damit er sich konzentrieren konnte. Er verband die beiden Brust-Saugglocken mit dem T-Stück, schloss dann die Vakuum-Handpumpe an und setzte die Dinger auf ihre Titten. Dort hielt er sie mit einer Hand an Ort und Stelle und begann mit der anderen, Luft rauszupumpen. Als ihre Brüste gut eingesaugt waren, die Nippel steil aufgerichtet, klemmte er die Verbindung ab. Dann schloss er die Pumpe an die Glocke für die Pussy an und stülpte sie ihr über die Klitoris und das umliegende Fleisch. Als er hier zu Pumpen begann, stöhnte sie auf. Er schaute misstrauisch hoch und sah, wie sie fast hysterisch den Kopf hin und her wand.

Eine eindeutig verneinende Geste. Gut.

»So lange wir warten, bis deine Nippel und deine Fotze schön aufgepumpt sind ...«, er hielt zwei Gummibänder hoch, »bekommst du deine Bestrafung.«

Er ging zum Fußende des Bettes und streifte die Gummidinger über ihre Füße. Dann zog er das Gummiband an ihrem rechten Fuß etwas ab und ließ es zurückschnalzen. Sobald sie nicht mehr zuckte, kam der andere Fuß dran. Durch ihre heftigen Bewegungen hatte sich nun die Glocke über ihrer Pussy gelöst. Klar, die Dinger hielten ohnehin nicht gut. Für ihn aber natürlich der perfekte Vorwand. Er ging wieder auf die Seite des Bettes und hielt ihr die Glocke vor das Gesicht.

»Du wirst stillhalten, sonst verlängert sich die Bestrafung.«

Er brachte die Glocke wieder an ihrer Pussy an und pumpte sie bei der Gelegenheit gleich noch etwas stärker auf.

Dann beugte er sich hinunter und sah ihr in die Augen. »Es läuft jetzt wie folgt: Weil du dich geweigert hast, mir den Schwanz zu lutschen, bekommst du zehn von den Schnalzern an jedem Fuß. Wenn du dabei nicht schön still hältst, und ich deshalb eine von den Pumpen neu ansetzen muss, fangen wir von vorn an. Wenn du mir danach nicht schön einen bläst, sodass ich in deinem Hals komme und mir anschließend den Schwanz sauberleckst, fangen wir von vorn an.« Er richtete sich auf. »Hast du die Bedingungen, so wie ich sie dir erklärt habe, verstanden?«

Sie starrte ihn nur an.

Also ging er zum Fußende des Bettes und ließ jedes der Gummibänder zweimal schnalzen. Dann überprüfte er die Pumpen. Die an der Fotze musste neu gesetzt werden, die an den Titten waren okay.

Er stellte sich ans Kopfende und wiederholte: »Hast du die Bedingungen, so wie ich sie dir erklärt habe, verstanden?«

Diesmal nickte sie, dicke Tränen liefen ihr rechts und links aus den Augen und in ihr Haar, das mittlerweile eine ganze Note dunkler erschien und feucht an ihrem Kopf und Hals klebte. Sie gefiel ihm immer besser.

Er ging langsam wieder zum Fußende des Bettes. Er fühlte, dass ihre Augen ihm ängstlich folgten. So eine Bestrafung war für diejenigen, die sie das erste Mal erlebten, immer ein gewisser Schock, das wusste er. Unglaublich, wie empfindlich die Fußsohlen sein konnten, obwohl man den ganzen Tag auf ihnen herumlief. Er zog das Gummiband an ihrem linken Fuß zurück und nahm Blickkontakt mit ihr auf. »Fangen wir an?«

Zehn Schnalzer später war er ziemlich beeindruckt. Sie hatte geschrien, aber überraschend wenig gezuckt und sich gewunden. Es schien, als wären die Pumpen an Ort und Stelle. Er überprüfte das.

»Nicht schlecht«, sagte er. »Bist du sicher, dass du Anfängerin bist?«

Der zornige Ausdruck, den er jetzt in ihren Augen sah, gefiel ihm fast noch besser, als die Angst. Der Schmerz machte sie eindeutig aggressiv.

Er zog das Gummiband an ihrem rechten Fuß zurück und suchte wieder Blickkontakt. Ohne Vorwarnung ließ er das Band zurückschnalzen, fest. Sie zuckte. Beim vierten Mal fiel die Pumpe von ihrer rechten Titte. Beim sechsten löste sich die Glocke über ihrer Fotze.

Die Glocke auf der anderen Titte sah auch beim zehnten Mal noch fest aus.

»Tja«, sagte er, nachdem er die Vakuumglocken wieder an Ort und Stelle hatte. »Sieht so aus, als hätte ich dich. Nächste Runde.«

Es ging weiter.

Beim dritten Mal mit dem rechten Fuß, der langsam feuerrot angelaufen war, machte er langsam. Er wollte, dass sie durchhielt, weil er ihr endlich seinen Schwanz ins Maul stecken und abspritzen wollte, bevor seine Eier blau anliefen. Obwohl sie sich kaum noch unter Kontrolle hatte, hielt sie gut bis zum Ende durch, bis beim zehnten Mal die Pumpe von ihrer Pussy fiel. Das konnte aber auch am Schweiß gelegen haben, denn sie sah aus, wie eingeölt.

»Naja, das lass ich mal durchgehen«, sagte er und legte die Glocke mit der Pumpe zurück in den Koffer.

Ihre Fotze war dick und rot von dem Vakuum, sie würde jetzt extrem empfindlich sein.

»Wir sind fertig mit den Gummibändern.«

Er sah einen Ausdruck von widerstrebender Dankbarkeit auf ihrem Gesicht, bei dem er am liebsten vor Triumph gelacht hätte.

»Fast fertig.« Er griff wieder nach dem Gummi an ihrem linken Fuß. »Eine Lektion fehlt noch. Ich möchte, dass du daran denkst, bevor du das nächste Mal ungehorsam bist.« Er zog das Gummiband zurück. Weit. »Ich war gnädig zu dir. Die Schmerzen, die ich dir zufügen könnte, sind weit größer als das, was ich dich hab spüren lassen.« Mit diesen Worten ließ er los. Es gab einen Knall als das Band auf ihren Fuß traf.

Sie schrie, keuchte und schaffte es dabei irgendwie, das Höschen in den Hals zu bekommen. Er musste nach vorn sprinten und es herauszerren, sonst wäre sie womöglich erstickt. Während sie hustete und würgte, kniete er sich über ihren Oberkörper. Sobald sie wieder einigermaßen stetig atmete, schob er ihr seinen Schwanz in den Hals. Man sah, wie sie den Impuls, ihm auszuweichen, unterdrückte. Stattdessen begann sie zu saugen. Er hielt sich am Kopfteil des Bettes fest und genoss es. Dann zog er seinen Schwanz zurück. Mit ängstlich zusammengekniffenen Augen sah sie ihn an.

»Ich will, dass du es jetzt sagst«, forderte er sie auf. »Sag es.«

Sie schien erst nicht zu wissen, was er wollte, aber dann öffnete sich der Blasmund und sie sagte brav: »Ich will deinen Schwanz in meinem Mund.«

Er belohnte sie mit einer Ohrfeige. »Du siezt mich gefälligst, Schlampe.«

Sie wiederholte: »Ich will Ihren Schwanz in meinem Mund.«

Eine weitere Ohrfeige. »Es heißt, Herr!«

»Ich will Ihren Schwanz in meinem Mund, Herr«, stieß sie heraus.

»Gut und weiter ...?«

Sie starrte ihn nur blöde an.

»Sag: Ich will ihn lutschen, bis Sie mir in den Hals spritzen und dann Ihren Schwanz sauberlecken.«

Sie sagte es und bekam eine erneute Ohrfeige.

»Alles in einem Satz. Du bist auch echt nur zum Ficken zu gebrauchen, oder?«

Als sie schwieg, bekam sie noch eine Ohrfeige.

»Na los, oder willst du die Lektion wiederholen?«

Das half.

»Ich will Ihren Schwanz in meinem Mund. Ich will ihn lutschen, bis Sie mir in den Hals spritzen. Dann will ich ... will ich Ihren Schwanz sauberlecken.«

»Gut, das war gut. Aber etwas fehlt noch. Sag: bitte, bitte«, forderte er sie auf.

»Bitte, bitte«, flüsterte sie.

Es war die perfekte Demütigung. Er steckte ihr seinen Schwanz in den Hals, und sie fing wieder an zu saugen. Lange würde es nicht dauern. Als er merkte, dass er kam, schob er ihr sein Ding extra tief rein und spritzte in ihren Hals. Dann zog er sich etwas zurück, ließ die Spitze jedoch in ihrem Mund.

»Sauber lutschen«, kommandierte er und sie tat es.

Er zog seinen Schwanz immer noch nicht zurück, sondern schob ihn wieder etwas tiefer. Gleichzeitig lehnte er den Oberkörper gegen das Kopfteil ihres Bettes, damit er sich jeweils ein Büschel Haare rechts und links von ihrem Kopf greifen konnte. Bei dem, was jetzt kam, würde er ihren Kopf mit Gewalt stillhalten müssen. Er hatte das schon mal gemacht, deshalb hakte er seine Daumen in ihren Unterkiefer ein, um ihren Mund offen zu halten. Er wollte keine Zahnabdrücke an seinem besten Stück.

Dann grinste er sie an und entspannte seine Blase. Sie versuchte, sich loszureißen, als ihr der Urin die Kehle hinunterlief, aber natürlich vergeblich. Sie konnte gar nichts machen, als mit den Beinen zu zappeln … und zu schlucken. Leider war nicht viel drin, sodass der Spaß für ihn bald vorbei war.

Er ließ los, stieg von ihr runter und wischte sich die Hände an ihrem Top ab. Dann zog er es über ihr Gesicht. Sie schluchzte vor Demütigung und Ekel und würde etwas Privatsphäre sicher zu schätzen wissen. Außerdem sah sie so nicht, was als Nächstes kam.

Die eine Pumpe an ihrer Titte saß tatsächlich noch fest. Die Nippel waren jetzt doppelt so groß. Er zog sie ohne weitere Umstände ab. Sorgfältig packte er sein Vakuumspielzeug wieder weg. Dann entnahm er dem Koffer einen schönen dicken Dildo und seinen Spezial-Massagestab.

Er war in ihre Wohnung gekommen, hatte sie überwältigt, sie körperlich unterworfen und in Besitz genommen. Mit Schmerzen hatte er sie gefügig gemacht und hatte sie dazu benutzt, seine Lust zu befriedigen. Nun würde er sich ihre Lust zu Eigen machen, ob sie wollte oder nicht. Er fuhr über ihre angeschwollenen Nippel, zupfte an ihnen, bevor er mit der Hand abwärts über ihren Bauch bis zu ihrer geschwollenen Spalte glitt. Als er begann, ihre Klitoris zu massieren, stöhnte sie unterdrückt auf. Ja, sie würde kommen und sich dann dafür schämen. Das wäre auch für ihn eine Premiere.

Bislang hatte er diese spezielle Fantasie nicht ausleben können, dafür waren seine Partnerinnen immer zu willig gewesen. Das hatte ihm den Spaß verdorben.

Er verteilte etwas Gleitgel auf dem Vibrator, dann setzte er ihn an ihrer geschwollenen Spalte an und schob. Langsam glitt der dicke Schaft in sie. Sie nutzte den Spielraum, den die Seile ihr boten, und versuchte auszuweichen, aber das war natürlich zwecklos. Als das Ding ganz in ihr verschwunden war, drückte er den Knopf und das Vibrationsprogramm begann. Er stöpselte den »Magic-Wand«-Massagestab in die Steckdose und schaltete ihn ein. Die dritte Stufe für den Anfang. Er fuhr mit dem Kopf über ihre Brüste, von Nippel zu Nippel. Sie wand sich. Er nahm den »Magic-Wand« weg und schnippte mit dem Zeigefinger gegen die empfindlichen Brustwarzen. Sie quittierte den Schmerz mit einem Stöhnen. Er konnte ihr Gesicht unter dem Top nicht sehen, das war der Nachteil, aber sie war ihm jetzt blind ausgeliefert und er genoss das. Aus seiner Hosentasche holte er zwei Wäscheklammern heraus, die er schnell und geschickt platzierte. Als die erste sich in ihren linken Nippel verbiss, schrie sie auf. Bei der zweiten jedoch nicht. Er hätte gern gewusst, ob sie sich selbst auf die Lippe biss.

Dann setzte er den »Magic-Wand« an ihrer Klitoris an. Jetzt schrie sie noch mal, laut. Er grinste und stellte das Ding sofort eine Stufe höher. Dann umfasste er das Endstück des Plugs und bewegte ihn in ihrem Arsch auf und ab. Sie hatte das Ding jetzt schon so lange in sich, dass ihr Arschloch sich mittlerweile daran gewöhnt haben musste. Langsam drückte er auf das Mittelteil. Es glitt Millimeter für Millimeter hinein und öffnete den Plug. In ihrem Arsch öffneten sich jetzt die drei Teile des Spielzeugs wie eine Blüte und dehnten sie erneut. Er zog den Plug etwas zurück, um ihrer Rosette die maximale Dehnung zukommen zu lassen. Er wusste, dass nur dort die empfindlichen Nervenenden waren.

Sie stöhnte laut und kehlig. Er zog den Fotzendildo raus und sah, dass er feucht glitzerte. Ihre Saftproduktion war angelaufen. Er hob den »Magic-Wand« und sah, dass ihre Klitoris inmitten der ohnehin angeschwollenen Schamlippen noch weiter hervorgekommen war. Ihre Lust gehörte ihm.

»Du genießt das, oder Hure? Hast es die ganze Zeit genossen. Wie ich deine Fotze genommen habe ... Dich in deinen

Arsch gefickt und abgespritzt habe ... Mein Schwanz in deinem Mund ... Mein Sperma ... Meine Pisse ...«

Er schob den Dildo zurück und stellte die Vibration höher.

»Du hast das gebraucht, oder?«

Er zog an der rechten Wäscheklammer, bis sie von dem roten Nippel rutschte und sie stieß zischend die Luft aus.

»Oh, du musst mir nicht antworten. Wenn du gleich kommst, wie die läufige Hündin, die du bist – wie ich und inzwischen auch du weißt –, dann reicht mir das.«

Er drückte den »Magic-Wand« fester auf ihre Perle und ließ den Kopf mit kreisenden Bewegungen rotieren. Bevor er die zweite Klammer abzog, drückte er sie erst noch mal zusammen.

Er massierte ihre Brüste. Ihre Hüfte zuckte. Sie stand kurz davor. Er nahm ein bisschen von dem Druck zurück und instinktiv folgte sie dem »Magic-Wand«, bis sie sich wieder im Griff hatte, und den Arsch nach unten in die Matratze bohrte. Er erhöhte den Druck wieder und sie begann, den Kopf von einer Seite zur anderen zu werfen.

»Nein«, stöhnte sie. »Nein, bitte, nein, oh Gott, nein ...«

Es war wie Musik in seinen Ohren und er bekam wieder Lust, sie zu ficken, obwohl er eigentlich gedacht hatte, er sei fertig.

Da kam ihm eine Idee. »Nein?«, fragte er. »Bist du sicher, dass du nicht willst?«

Er schaltete den »Magic-Wand« ab und legte ihn neben sich. Dann zog er den Dildo heraus und warf ihn zurück in seine Spielkiste. Säubern konnte er ihn später. Er sah, dass ihr Brustkorb sich nicht mehr hob und senkte. Sie hielt die Luft an.

»Ist dir so zu unpersönlich, oder?«, fragte er, während er sich zwischen ihren Beinen platzierte. »Du willst mich tief in dir dabei spüren, oder nicht?«

Als sie Nein schrie, drang er in sie ein. Sie war klatschnass, heiß und eng – eng von dem geöffneten Plug.

»Sicher willst du mir auch in die Augen sehen, wenn es dir kommt, oder nicht?«

Er zog ihr nasses Top von ihrem Gesicht und drehte es in der Hand zusammen, bis es eine schöne enge Würgeschlinge um ihren Hals bildete. Dann begann er, sie zu ficken.

»Diesmal wird es lange dauern, schließlich habe ich schon zweimal in dir abgespritzt.«

Während er sie stieß, zog er ihren Kopf an ihrem Top hoch und ließ ihn wieder fallen, zerrte sie nach rechts und links.

Es ging um Kontrolle. Darum, ihr zu zeigen, dass er die Kontrolle hatte und sie nicht.

»Ich werde jetzt ein drittes Mal in dir kommen.«

Er winkelte seine Knie an und schob sie ihr unter die Oberschenkel. Jetzt war der Winkel perfekt und er setzte den »Magic-Wand« erneut an.

»Vielleicht kommen wir zusammen ... Was sagst du dazu?«

»Nein«, sagte sie. »Nein!«, schrie sie. »Nein, bitte ...«

»Ich habe dir schon mal gesagt, dass du mich um nichts bitten musst, wenn du mir nichts anbietest.«

Stoßen und kreisen, stoßen und kreisen. Er fühlte sie beben, ihr Orgasmus baute sich erneut auf.

»Was ... was ...?«, stammelte sie und wieder liefen ihr die Tränen aus den Augen. Tränen der Hilflosigkeit und Tränen der Scham.

»Hab ich dir doch gesagt. Was ist das, was ich die ganze Zeit von dir wollte, worum du betteln sollst!«

Er sah, dass sie verstanden hatte, sich aber nicht überwinden konnte. Er beschloss, nichts mehr zu sagen. Nur weiter zuzustoßen. Er hob den »Magic-Wand« an, gerade lange genug, um auf ihre geschwollene Klitoris zu spucken, damit es schön flutschte.

Schließlich war sie so weit. »Bitte, ich möchte Ihren Schwanz lutschen, Herr.«

»So bettelt man aber nicht«, war alles, was er dazu sagte.

Sie schloss die Augen, ein Akt der Hingabe. »Ich flehe Sie an … ich flehe. Bitte. Ich möchte Ihren Schwanz lutschen und saugen, bis Sie in meinem Mund kommen … ich … bitte …«

»Meinen Schwanz lutschen und dann was?«

»Lutschen und dann sauberlecken.« Sie atmete tief und stöhnend ein und aus, setzte ein »Bitte, Herr« dazu.

Ziemlich geil, dass er sie soweit hatte. Er hatte jetzt die totale Kontrolle über ihren Körper, ihre Lust, ihren Willen – alles seins.

»Hm, nein, ich denke nicht. Ich will deinen Orgasmus spüren, aber vielleicht komme ich an einem anderen Tag auf dein Angebot zurück«, sagte er und trieb sie weiter.

Er zog ihre Hüften noch näher an sich, drang tief in sie ein und kreiste mit dem »Magic-Wand« auf ihrer Klitoris, bis ihre Hüften konvulsivisch zuckten, bis er auch ihr Innerstes an seinem Schwanz zucken spürte.

Er stieß eine triumphierendes »Ja!« aus und blieb mit dem »Magic-Wand« an ihrer Klitoris. Er wusste, dass sie nach dem Orgasmus gesteigert empfindlich wäre und die Berührung kaum aushielt. Er schaltete sogar noch eine Stufe höher, nur um sie leiden zu sehen.

Dabei kam es ihm auch. Er spritze zum dritten Mal in ihren Körper. Jetzt hatte er sie wirklich in alle Löcher gefickt. Er war fertig.

Aber er musste noch aufräumen. Er zog sich samt Plug heraus und ließ sein Sperma aus ihren beiden Löchern auf ihr Laken tropfen. Der Massagestab und der Plug kamen in den Koffer.

Jetzt nahm er ein Messer und zeigte es ihr. Ihre Augen wurden groß. Das war Todesangst. Gott, wenn er nicht grad gekommen wäre, wäre er bei diesem Anblick auf jeden Fall wieder hart geworden. Er durchschnitt die Seile, packte sie an den Haaren.

»Du und ich machen jetzt einen Ausflug ins Badezimmer«, sagte er. »Du wirst unter die Dusche gehen und dich gründlich waschen.«

Im Badezimmer schob er sie unter die Dusche und drehte das Wasser auf Kalt. Er beaufsichtigte, wie sie sich zwischen den Beinen wusch, Fotze und Arschloch. Dann nahm er die Brause. Sie musste sich bücken, die Arschbacken auseinanderziehen. Er stellte auf den Massagestrahl und hielt auf ihre Löcher. Geil, genau dafür war diese Einstellung da. Er hielt länger drauf, als er musste, nahm sich vor, dieses Duschen das nächste Mal irgendwie mit einzubauen. Er nahm ihre Hände und fuhr unter den Nägeln entlang, mit denen sie ihn gekratzt hatte. Nur eine Vorsichtsmaßnahme.

Als er das Wasser abdrehte, sackte sie an der Rückwand der Dusche zusammen.

»Du bleibst genau hier, bis ich dich hole«, sagte er.

Als sie nicht reagierte, stampfte er mit seinem schweren Arbeitsschuh in die Wanne, genau neben ihrem kleinen nackten Fuß.

»Du rührst dich nicht vom Fleck, verstanden?«

Sie blickte auf, nickte, ihre Augen waren stumpf.

Er verließ das Bad und schloss die Tür, ging ins Schlafzimmer, zog das Laken ab und steckte es in den Koffer zu den anderen Sachen, nahm sein Handy und schaltete die Musik ab, lauschte. Nichts zu hören, weder aus dem Bad noch aus den anderen Wohnungen. Er legte das Geld aufs Bett, nahm den Koffer und ging leise zur Tür, öffnete sie und verließ die Wohnung, ohne sie zu schließen.

Als er die vier Treppen hinunterging, schwang er den Arbeitskoffer vor und zurück. Er grinste wie ein Idiot. Er fühlte sich fantastisch. Endlich hatte er das Richtige gefunden.

12. Hure für eine Nacht

Ich bin keine Hure. Na gut, heute war ich eine, für eine Nacht. Das überraschte mich selbst ein bisschen. Auf der Dating-Plattform, auf der ich angemeldet war, schmetterte ich solche Vorschläge, wie Treffen gegen Taschengeld, normalerweise immer gnadenlos ab – falls ich überhaupt antwortete. Aber diese Anfrage war anders. Irgendwie sprach sie etwas in mir an. Ich hatte mich tatsächlich schon öfter gefragt, wie das wohl wäre, wenn ein Mann für mich bezahlte. Wenn ich ihm gehörte, seine Wünsche erfüllte und mich ihm hingeben musste. Ich bin devot, und aus diesem Kontext heraus, war die Vorstellung auf eine gewisse Weise schon sehr verlockend.

Die Angabe »eher devot« in meinem Profil führt schon manchmal zu Missverständnissen bei, sagen wir, etwas weniger intellektuell begabten Typen. Devot sein, heißt nämlich nicht, dass ich mich jedem Typen hingebe, der das will.

Es gibt schon verwunderte Aussagen wie: »Du darfst doch gar nicht Nein sagen, du bist doch devot ...«

Diese Aussagen entlocken mir mittlerweile nur noch ein resigniertes Kopfschütteln.

Noch schöner finde ich die Typen, die mir direkt extrem detailliert schreiben, was sie alles schon beim ersten Treffen mit mir anstellen werden. Da merkt man, dass sie von BDSM absolut keine Ahnung haben und kann ihnen gleich großräumig aus dem Weg gehen.

Eine der in diesem Sinne interessantesten Anfragen ist mir in Erinnerung geblieben. Der »Herr« beschrieb ausführlich, wie das erste Treffen ablaufen sollte. Ich knie, selbstverständlich bereits nackt, in Demutshaltung hinter der nur angelehnten Tür. Er kommt herein und ich bekomme erst einmal eine Ladung Sperma auf die Haare. Die Haare packt er dann und führt mich, auf allen vieren, zur Toilette, wo er meinen Kopf in die Schüssel tunkt, um mit dem bereits aufgetragenen Spermashampoo eine Haarwäsche vorzunehmen. Auch unser weiteres Zusammenleben hatte er bereits in der ersten E-Mail beschrieben. Von konsequenter Nackthaltung war da die Rede, dreimal täglich Schwanzmilch aufs Brot und ähnliche Herrlichkeiten. Ich weiß nicht, ob er sich wunderte, dass diese Nachricht ohne Antwort gelöscht wurde, will ihn auch für seine Fantasien nicht verurteilen, aber es scheint mir doch etwas unhöflich, den Leuten damit so ins Gesicht zu springen.

Männer (und Frauen), mit denen ein Spiel oder eine Session tatsächlich möglich und lohnenswert wären, erkenne ich in der Regel daran, dass sie sich im Gespräch herantasten, gegenseitige Vorlieben und Tabus herausfinden wollen. Ich bin längst nicht bei allen Menschen, die ich attraktiv finde oder sexuell anziehend, devot. Ich muss abwarten, ob diese bestimmte Saite in mir erklingt.

Manchmal, ganz selten, treffe ich einen Menschen, der sie sofort in einem vollen Akkord erklingen lässt. Ich habe einmal mit einem sehr attraktiven Mann in meiner Küche Tee getrunken. Ich bin »im normalen Leben« selbstbewusst und extrovertiert. Wir redeten über alles Mögliche, lachten, diskutierten. Es war schon klar, dass der Abend eine sexuelle Wendung nehmen würde. Wir hatten über die Plattform bereits einige Nachrichten ausgetauscht. Er hatte sich nach meinen damaligen wenigen Erfahrungen und recht unbekannten Vorlieben und Tabus erkundigt. Daraufhin hatten wir uns getroffen, um die körperliche Anziehungskraft zu überprüfen.

Nun saßen wir locker in meiner Küche zusammen, ich stand auf, um uns noch etwas Tee nachzuschenken. Als ich mich umdrehte, stand er plötzlich hinter mir. Nah.

Mit tieferer Stimme als bisher fragte er: »So, und du bist also devot?«

Und plötzlich konnte ich ihm nicht mehr in die Augen schauen. Er zwang mich erst mental in die Knie, dann körperlich. Zehn Minuten später legte er mich über seine und ich bekam das erste Spanking meines Lebens. Der Abend war für beide Seiten eine sehr zufriedenstellende Erfahrung. Er selbst bezeichnet sich übrigens ungern als dominant, weil er nicht glaubt, dass er es ist.

Bei andern Menschen erklingt die Seite langsamer, zögernder oder gar nicht. Bei Leuten mit der »Ich-bin-super-dominant-und-deshalb-tust-du-was-ich-will«-Einstellung erklingt sie nie. Ich bezeichne solche Menschen gern als »Dumm-Doms«. Leute, die glauben, es geht darum, dass der dominante Part einfach behauptet, er wäre dominant, und damit ist die Rollenverteilung festlegt. Dem andern Part fällt es dann zu, zu gehorchen. Fertig ist das BDSM.

Noch schlimmer sind Leute, die glauben, dominant zu sein, hieße einfach, sich von dem anderen nach eigenem Gutdünken zu holen, was man braucht. Dabei ist es meiner Erfahrung nach genau andersherum. Ein wirklich dominanter Mensch ist daran interessiert, dem anderen durch Unterwerfung oder Schmerz Lust zu verschaffen. Seine Lust speist sich aus der Macht über die sexuelle Lust des anderen. Empfindet der submissive Part keine Lust, geht es dem dominanten Part in der Regel ebenso. Dennoch können »Dumm-Doms« gerade bei Anfängern natürlich großen Schaden anrichten.

Mittlerweile habe ich ein gutes Gespür dafür entwickelt, ob sich ein Treffen lohnt, ob die Saite erklingen könnte oder ob das von vorneherein ausgeschlossen ist.

Und nun diese Anfrage ... Er wollte mir nicht zu nahe treten, aber ob ich mir vorstellen konnte, mich mit ihm gegen Geld zum Sex in einem Hotel zu treffen. Nichts würde gegen meinen Willen geschehen, meine Grenzen und Vorlieben würden sorgfältig beachtet, aber er würde mich gern kaufen. Ein leiser Ton erklang in meinem Inneren.

Ich antwortete ihm und begann, Fragen zu stellen.

Jegor erzählte, dass er gebürtiger Russe sei, jedoch schon seit Jahren in England lebte. Es machte ihn an, Frauen, die so etwas sonst nicht taten, dafür zu bezahlen, dass sie Sex mit ihm hatten. Ihn erregten dabei die verschobenen Machtverhältnisse. So ging es den Frauen, die sich darauf einließen, wohl auch. Er erzählte mir, dass bisher alle einen Orgasmus gehabt hätten. Ich musste lächeln. Er kam authentisch und glaubhaft rüber. Er schien nicht der Typ, der für Sex bezahlen musste.

Wir sprachen über den Preis. Hier wurde er wieder vorsichtig, wollte mich augenscheinlich nicht verärgern. Er schlug zweihundertfünfzig Pfund für eine Stunde vor. Zwar kannte ich mich mit Preisen nicht aus, aber es erschien mir trotzdem fair. Das Geld konnte ich tatsächlich ganz gut gebrauchen, was die Situation seltsamerweise noch prickelnder machte. Wir verabredeten uns in einem Hotel ganz in meiner Nähe.

Je näher der Termin rückte, desto aufgeregter wurde ich. Ich bekam Zweifel. Diese besprach ich mit einer meiner Freundinnen. Ich wollte sie auch fragen, ob sie mein Cover für diese Nacht sein wollte. Sie wüsste dann, wo ich war und mit wem. Falls es Probleme gab, konnte ich sie anrufen oder dem Gegenüber im schlimmsten Fall stecken, dass es jemanden gab, der ihn »kannte«. Sie würde so quasi aus der Ferne über mich wachen. Nadja war meine Mitwisserin und Ratgeberin bei vielen amourösen Abenteuern gewesen. Sie war genauso offen wie ich und ebenfalls devot. Wir tauschten uns aus, bestärkten uns gegenseitig darin, unsere Neigung auszuleben und nicht das Gefühl überhand nehmen zu lassen, irgendwie abseitig veranlagt zu sein.

Doch dieses Mal wurde ich enttäuscht. Wir saßen in ihrem Auto und waren unterwegs zu einer Swinger-Party, die etwas außerhalb stattfand. Ich versuchte, ihr meine aufkeimenden Zweifel zu verdeutlichen.

»Ich meine, wenn ich das durchziehe, bin ich doch trotzdem keine Nutte, oder?«

»Doch«, sagte sie und schaute kurz zu mir rüber, »eigentlich bist du das dann schon.«

Das saß. Das hätte ich gerade von ihr nicht erwartet. Sie hatte ein Blinddate mit jemandem in einem Hotelzimmer gehabt, den sie vorher nie gesehen hatte. Im Zimmer hatte sie sich die Augen verbunden und gewartet, bis er die Tür mit der zweiten Schlüsselkarte geöffnet und zu ihr ins Bett gekommen war. Die erotische Fantasie vom Sex mit einem Unbekannten, dessen Gesicht sie nie gesehen hatte, wurde wahr. Ich hatte sie damals bestärkt und gecovert.

War mein jetziges Vorhaben vielleicht wirklich zu heftig? Wenn selbst Nadja so reagierte ... Nein, beschloss ich, wenn ich meinen Körper verkaufen wollte, war das okay. Niemandem wurde geschadet, wenn zwei Erwachsene ihre gemeinsamen Fantasien auslebten. Missbilligung oder Moralvorstellungen würden mich nicht beeinflussen. Ich würde meine Verabredung einhalten und schauen, was passierte. Wenn ich mich schlecht fühlte oder mich umentschied, konnte ich das Ganze immer noch beenden.

Jegor und ich hatten verabredet, uns zuerst in der Hotellobby auf einen Drink zu verabreden, damit ich ihn kennenlernen konnte. War er mir nicht sympathisch, oder falls ich mich unwohl fühlen würde, würde ich einfach gehen. Jegor hatte betont, dass er dafür Verständnis hätte.

»Wenn es nicht passt, passt es nicht«, hatte er gesagt. »Und dann haben wir auch keinen Spaß.«

Wenn ich ein gutes Gefühl hätte und ihm soweit vertrauen würde, würde ich mit ihm auf sein Zimmer gehen.

***

Ich hatte lange überlegt, was ich anziehen sollte. Sollte ich mich besonders sexy geben, mich schminken und mit Halterlosen und High Heels auftauchen? Warm genug dafür war es aktuell. Aber das wäre eine Verkleidung gewesen. So machte ich mich sonst auch nicht zurecht, auch nicht für Dates. Jegor selbst hatte diesbezüglich keine Wünsche geäußert. Da er für mich bezahlt hatte, entschied ich schließlich, mir auch treu zu bleiben. Er bekäme mich so, wie ich war. Ich schminkte mich sonst nie, also auch zu diesem Anlass nicht, und wählte einen kurzen Rock und ein Top aus, aber flache Schuhe. Das kam mir auch deshalb sehr zupass, da ich mit dem Fahrrad fahren wollte. So war ich flexibler, konnte Alkohol trinken und dennoch zu jeder Zeit von dort weg und nach Hause kommen.

Ich radelte zum Hotel und genoss die zwiespältige Gefühle, die das Kommende in mir auslöste. Was, wenn Jegor mir nicht sympathisch war oder ich ihn unattraktiv fand? Was, wenn er mich unattraktiv fand? Was, wenn das Ganze nur ein Witz war? Was, wenn es tatsächlich passierte? Wie würde ich mich dabei fühlen? Würde ich es hinterher bereuen?

Es war nur eine kurze Fahrt durch das abendliche London zum Hotel. Ich schloss mein Rad an und zog meinen Rock zurecht. Das Hotel auf der gegenüberliegenden Straßenseite war modern, die Gegend eher ruhig um diese Zeit, da es zwar an einer größeren Straße lag, jedoch in einem Bereich mit Geschäften, die bereits geschlossen hatten. Nur gegenüber die Tankstelle an der Kreuzung hatte noch geöffnet.

Ein Blick auf die Uhr. Ich war eine Minute vor der Zeit angekommen. Ob er schon da war und auf mich wartete? Ich hasse es, unbekannte Orte allein zu betreten. Da kam eine

Unsicherheit durch, die ich seit meiner Jugend nicht abstreifen konnte. Was, wenn er noch nicht da war oder noch auf dem Zimmer war? Sollte ich mich allein in die Lobby setzen? Was, wenn ich ihn nicht erkannte? Und er mich vielleicht auch nicht? Ich hatte mit Jegor keine Handynummern ausgetauscht, deshalb konnte ich ihm auch nicht texten.

***

Nun stehe ich hier, sehe mich unsicher um. Hier stehen bleiben, kann ich nicht. Also gebe ich mir endlich einen Ruck und überquere die Straße. Auf ins Gefecht!

Ich betrete das Hotel. Die Lobby ist kleiner als erwartet. Direkt gegenüber sehe ich die Rezeption, die momentan nicht besetzt ist.

Ein großer dunkelhaariger Mann, in dem ich mühelos Jegor erkenne, kommt direkt auf mich zu. Er scheint gewartet und nach mir Ausschau gehalten zu haben. Er gibt mir die Hand und wir begrüßen uns.

»Leider gibt es hier kein Restaurant«, erklärt er, »nur einen kleinen Bar-Bereich. Ist das in Ordnung? Oder sollen wir uns in der Umgebung etwas anderes suchen?«

Da ich weiß, dass hier in der Nähe nicht wirklich Restaurants oder Cafés zu finden sind, schüttele ich den Kopf. »Der kleine Lounge-Bereich ist schon in Ordnung.«

Wir gehen durch einen Durchgang in den von der Lobby abgetrennten Bereich und setzen uns.

Jegor erkundigt sich, was ich trinken will. Vor ihm steht bereits ein Glas, vermutlich Whiskey. Von hier ist er also eben so unvermittelt aufgetaucht. Ich liebäugele kurz damit, ebenfalls einen Whiskey zu bestellen, entscheide mich aber dann doch für einen Rotwein. Ich will mich schließlich auf keinen Fall betrinken. Nur ein bisschen locker werden.

Jegor geht zu der kleinen Bar im hinteren Bereich. Sieht so aus, als würde der Bartresen auf der anderen Seite der Wand, die den Bereich abteilt, die Rezeption sein. Der Angestellte kann hinter dem Tresen von der Lobby zur Lounge wechseln. Das erklärt auch, wieso der Rezeptionist eben nicht da war, er ist gleichzeitig der Barkeeper.

Ich mustere Jegor, der meinen trockenen Rotwein ordert. Er ist ein ziemlich großer Mann, an die zwei Meter, schätze ich. Er hat die Statur eines Mannes, der früher sehr sportlich war, sich jedoch schon seit einiger Zeit nicht mehr genug Zeit für Fitness nimmt. Die Konturen sind noch da, aber weicher. Seine breiten Schultern in dem dunkelblauen Jackett sehen ziemlich gut aus. Ich hatte schon immer eine Schwäche für große Männer im eleganten Anzug. Es gefällt mir, dass er eher förmlich gekleidet ist, zwar ohne Krawatte, aber mit geschlossenem Hemd.

Er kommt zurück an unseren Tisch, stellt den Rotwein vor mir ab und ich bedanke mich. Als er wieder Platz genommen hat, prosten wir uns zu und ich nippe an meinem Getränk, betrachte ihn dabei über den Rand des Glases hinweg. Er sieht gut aus, auch wenn er sonst nicht wirklich mein Typ wäre. Zu dunkel, zu kantig, Dreitagebart und eine Nase, die mindestens schon einmal gebrochen war, dunkelblaue Augen.

Auch er mustert mich. Klar, er will ja wissen, was er für sein Geld bekommt. Ich werde ein bisschen nervös. Was, wenn er doch nicht so auf das Mädchen von nebenan steht? Ja, was dann? Verrückt von mir, sich darüber Sorgen zu machen.

Jegor hat bemerkt, wie ich auf meinem Platz zappele. Er zieht die Brauen hoch.

»Nervös?«, fragt er.

»Ein bisschen«, gebe ich zu.

»Verstehe ich«, sagt er und lächelt. »Ich schlage vor, wir unterhalten uns erst mal ein bisschen und dann entscheiden wir, wie es weitergeht?«

Ich nicke, dankbar für den Aufschub.

Also plaudern wir. Er erzählt etwas über sich und versucht mir sichtlich, meine Beklemmungen zu nehmen. Ich finde ihn wirklich sympathisch. Aber ich bin immer kurz davor, aufzuspringen und wegzulaufen. Während er von seiner Kindheit und seiner Familie in Russland erzählt und davon, wie er sich sein Geschäft in England aufgebaut hat, überlege ich, wie ich ihm auf eine nette Art sagen kann, dass das nichts mit uns wird, dass ich mich geirrt habe und es nicht kann: Sex für Geld.

Er macht eine Pause und schaut mich an.

Jetzt, denke ich, *jetzt musst du aufstehen* ... und bleibe sitzen. Stattdessen trinke ich noch einen Wein.

Schließlich ist Jegor derjenige, der aufsteht und mir eine Hand entgegenstreckt.

»Sollen wir uns das Zimmer ansehen?«, fragt er.

Ich habe das Gefühl, dass er es locker wegsteckt, wenn ich jetzt Nein sage und das, obwohl wir gefühlt sicher schon eine Stunde miteinander quatschen. Genau deshalb stehe ich auf und fasse seine Hand. Er wird ein Nein im Zweifel auch noch im Zimmer akzeptieren. Ich vertraue ihm. Er zieht mich zu sich heran und legt mir eine Hand ins Kreuz. So steuert er mich auf den Fahrstuhl zu. Hallo? Ein bisschen old fashioned das, oder? Aber eigentlich auch ganz spannend.

Schweigend fahren wir hoch, laufen den Flur hinunter. Jegor öffnet mit der Karte eine der identischen Türen, drückt sie auf und macht eine kleine »aber bitte doch«-Geste mit der Hand.

Natürlich, die Dame zuerst. Ich unterdrücke ein Lächeln und betrete das Zimmer.

Es ist ein typisches Hotelzimmer, recht groß, und wie alle Hotelzimmer wird es beherrscht vom Bett.

Jegor ist schon hier gewesen, denn vor dem Bett steht eine Sporttasche, die Tagesdecke ist zurückgezogen und die weißen Laken sind aufgeschlagen. Und auf dem Bett ... Ich pralle zurück und stoße fast gegen Jegor. Da liegen Geldscheine, fünf fünfzig Pfund-Scheine sind im Kreis aufgefächert, die sich fast obszön von der reinen, weißen Bettwäsche abheben. Meine zweihundertfünfzig Pfund, mein Preis.

Jegor mustert mich durchdringend mit seinen gewitterblauen Augen.

»Zu offensichtlich?«, fragt er mit einem verhaltenen Lächeln.

Ich nicke, sage: »Vielleicht räumst du es erst mal weg?«

Er tritt einen Schritt vor und schließt die Tür hinter sich.

»Nein, so läuft das nicht.« Er hat so ein Timbre in der Stimme, wenn er meinen Namen sagt, als vibriere jeder Buchstabe ganz tief in seiner Kehle. Vielleicht Teil seines russischen Erbes? Jedenfalls wird mir dabei ein bisschen heiß. Das war eben in der Bar schon so und hier im Zimmer scheint es sich verstärkt zu haben.

»Mir ist wichtig, dass zwischen uns alles klar ist«, fährt Jegor fort, während er zum Bett geht und Platz nimmt. »Du musst dich jetzt entscheiden. Du gehst ...«, er deutet zur Tür, »oder du bleibst, nimmst das Geld und gehörst für eine Stunde mir.« Er rafft die Scheine zusammen, macht einen ordentlichen kleinen Stapel daraus, den er mir hinhält.

Ein Teil von mir schreit: *Flucht!*, will auf den Ballen herumwirbeln und durch die Tür verschwinden, zurück zu meinem Rad und in meine Wohnung, in Sicherheit. Der andere Teil, der normalerweise gewinnt, fragt: *und dann? Dann fragst du dich ewig, was gewesen wäre, wenn ...*

Ich gehe einen vorsichtigen Schritt auf Jegor zu, noch einen und noch einen, mein Blick klebt wie hypnotisiert an seinen dunklen, tiefen, blauen Augen, als würde ich mich gleich in ihnen verlieren.

Jegor erhebt sich und wir stehen uns gegenüber, das Geld zwischen uns. Ich strecke meine Hand aus und er legt das Geld hinein. Immer noch dieser intensive Blick in meine Augen. Ich stehe etwas unschlüssig da, die Scheine in der Hand, und starre ihn an. Na toll, ich gebe das Dummchen … Hoffentlich findet er das auch noch attraktiv. Ich spüre, wie meine Wangen sich röten.

»Jetzt musst du das Geld wegstecken«, sagt Jegor und deutet auf meine Handtasche.

Meine Augen folgen seiner Geste und der Blickkontakt ist unterbrochen. Ich öffne meine Handtasche, ziehe mein Portemonnaie hervor und stopfe die Scheine rein.

Dann versenke ich es wieder in der Handtasche, nestele am Verschluss herum. So und jetzt? Irgendwie kann ich meinen Blick nicht mehr zu Jegor heben. Die Saite erklingt. Mein Atem beschleunigt sich und in meinem Bauch kribbelt es. Jegors große Hand kommt in mein Blickfeld, er hebt mein Kinn an.

»Keine Missverständnisse zwischen uns«, sagt er. »Du hast das Geld genommen, richtig?«

Ich nicke in seine Hand hinein, die immer noch sacht mein Kinn umschließt. Vielleicht lässt er mich auch nicken.

»Das heißt, du gehörst jetzt mir für die nächste Stunde. Im Rahmen unserer Absprache kann ich mit dir machen, was ich will. Ich bin dein Herr.«

Ich nicke wieder.

Aber er schüttelt den Kopf. »Du musst es sagen. Sag es laut, damit ich weiß, dass du es verstanden hast.«

Mich überkommt der heftige Drang, wieder den Blick zu senken, aber er hält mein Kinn fest.

»Gleich darfst du den Blick senken, aber erst musst du es sagen. Sag, dass wir uns einig sind!« Wieder dieses Timbre in seiner Stimme, das macht mich ganz kribbelig.

»Ich …« Ich räuspere mich, meine Stimme ist ganz belegt. »Ich … Wir sind uns einig. Ich gehöre dir. Für eine Stunde.«

Er nickt »... und ich bin ...«, souffliert er.

Brav sage ich: »Und du bist mein Herr.«

Er lässt mein Kinn los und sofort senkt sich mein Blick.

»Leg deine Handtasche und deinen Mantel hier auf den Stuhl«, sagt er.

Ich gehorche, als wäre ich auf Autopilot. Er ergreift meine Hände, zieht mich zum Bett, drückt mich auf die Matratze. Oha, legen wir direkt los? Ich sehe, wie seine Füße in den braunen Lederschuhen sich vom Bett entfernen.

»Erst mal ein Glas Champagner«, sagt er und ich höre ein sattes Plopp, als er eine Flasche entkorkt.

Ich schaue auf. Die Flasche stand auf dem Schreibtisch in einem Eiskübel bereit. Er muss sich darum gekümmert haben, als er vorhin eingecheckt hat.

Der Champagner rauscht prickelnd und hellgelb in die beiden Kelche. Champagnerfarben sagt man, oder? Oh Mann, womit beschäftigt sich das Gehirn? Ich könnte ein bisschen Unterstützung zum Thema Verhalten – jetzt, in dieser Situation – gebrauchen und nicht nutzlosen Wissensmüll hinsichtlich der Farblehre verschiedener Alkoholika.

Jegor drückt mir einen der Kelche in die Hand und setzt sich neben mich auf das Bett. Nicht zu nah. Er stößt mit seinem Kelch leicht gegen meinen.

»Trink«, befiehlt er.

Ich trinke einen Schluck. Nicht schlecht, definitiv Champagner. Ich trinke gleich noch mal.

»Du brauchst nicht nervös zu sein«, sagt Jegor. »Bei allem, was gleich passiert, halte ich mich an unsere Absprachen. Und wenn du Stopp sagst, dann heißt das Stopp.«

Ich nicke und trinke noch einen Schluck. Ich spüre, wie Jegor sich neben mir bewegt und linse kurz hinüber. Er legt sein Jackett ab, wirft es über den Stuhl vor dem Schreibtisch, öffnet den obersten Hemdknopf und lockert seinen Kragen. Es wird definitiv gleich ernst. Ich nehme noch einen Schluck von dem Champagner.

Oha, ich habe das Glas schon fast ausgetrunken. In einer geschmeidigen Bewegung rutscht Jegor vom Bett und hockt sich vor mich. Er nimmt mir das fast leere Glas aus der Hand und stellt es auf den Nachttisch. Dann legt er mir seine beiden großen Hände auf die Oberschenkel und ich zucke ein bisschen zusammen, stoße dann den Atem mit einem kleinen Lachen aus und versuche, mich zu entspannen.

»Schließ einfach die Augen.« Wieder dieses Timbre.

Ich gehorche.

Erst mal passiert gar nichts und ich muss mich davon abhalten, zu blinzeln. Dann fahren seine Hände ganz langsam meine Oberschenkel herauf. Dabei übt Jegor ein bisschen Druck aus, dem ich nachgebe, und öffnet so meine Beine. Als seine Hände unter meinem Rock verschwinden, beschleunigt sich mein Atem. Jegor stoppt die Bewegung und beginnt, meine Oberschenkel leicht zu massieren.

»Zieh dein Oberteil für mich aus«, sagt er.

Immer noch mit geschlossenen Augen, nehme ich den Saum meines Tops und ziehe es mir langsam über den Kopf. Mechanisch falte ich es und lege es neben mich. Dann platziere ich die Hände wieder rechts und links neben meinen Po auf dem Bett.

»Du hast sehr schöne Brüste«, sagt Jegor. Er ist meinem Oberkörper dabei so nah, dass ich seinen warmen Atem auf meiner Haut spüre, gefolgt von seinen Lippen. Jegor fährt ganz leicht mit seinen Lippen über die zarte Wölbung meiner Brust, dort, wo der weiße Spitzen-BH endet. Von links nach rechts und wieder nach links. Dort stoppt er und knabbert an der Haut. Dann spüre ich seine Zunge, die ganz leicht unter die

Spitzen vorstößt, dann weiter, bis er meinen Nippel erreicht und mir ein kleines Stöhnen entschlüpft.

Mit den Zähnen zieht Jegor den BH-Cup nach unten, bis die Brust herausspringt. Dann nimmt er den Nippel in den Mund und saugt. Seine Hände schieben sich weiter an meinem Oberschenkel hinauf. Während er die Seite wechselt, und auch die andere Brust auf demselben Weg aus dem BH befreit, um dann an dem Nippel zu saugen, erreichen seine Hände die Neigung meiner Leiste. Seine Daumen legen sich mit sanftem Druck auf den Spalt zwischen meinen Beinen und beginnen dort mit kreisenden Bewegungen. Genau auf der Stelle, wo, wie ich spüre, mein Höschen schon feucht ist.

Jegor entfährt ein Seufzer, als auch er die Feuchtigkeit bemerkt, und saugt stärker an meinem Nippel. Mein Körper beginnt, sich ohne mein Zutun zu winden. Ich habe das Gefühl, dass Jegor mich in Besitz nimmt, mich beherrscht und das turnt mich zusätzlich, zu dem, was er mit seinen Händen und seinem Mund anstellt, an.

Als Jegor seine Daumen und seinen Kopf zurückzieht, entfährt mir unwillkürlich ein leiser protestierender Laut. Seine Hände wandern höher, bis zu meiner Taille, wobei der Rock gleich mitwandert. Dann packt er fest zu und schiebt mich über die Länge des Bettes, kommt dabei hinterher und legt sich auf mich, wodurch mein Oberkörper zurück auf die Matratze gedrückt wird. Seine Oberschenkel spreizen meine Beine, er presst sich an mich und ich fühle durch die Hose, dass er hart ist. Er packt meine Hände, biegt meine Arme über den Kopf und umfasst beide Gelenke mit einer Hand. Ich lasse meinen Kopf zurück auf die weiche Decke fallen und Jegor nutzt die Gelegenheit und fällt über die weiche Haut an meinem Hals her. Er beißt erst nicht ganz so sanft hinein und fängt dann an, kräftig zu saugen.

Autsch! Wenn er so weitermacht, wird das einen Knutschfleck geben. Wie soll ich den denn im Sommer verbergen, damit es keine blöden Fragen gibt? Ich versuche, zur Seite auszuweichen, aber Jegor zieht nur meine Arme weiter nach oben, sodass mein Kopf keine Ausweichmöglichkeit mehr hat und vergräbt sich noch tiefer an meinem Hals. Seine andere Hand knetet meine Brüste und übt dabei langsam immer festeren Druck aus, bis es so wehtut, dass ich einen Schmerzenslaut von mir gebe.

Dann macht er etwas milder weiter und lässt meinen Hals in Ruhe. Stattdessen rutscht er herunter und saugt an meinen Brüsten. Scheinbar möchte er auch hier Spuren hinterlassen. Sein Schwanz bohrt sich durch seine Hose und mein Höschen in meine Spalte. Wenn ich da unten so nass bin, wie es sich anfühlt, wird er später einen Fleck an einer sehr unpassenden Stelle auf seiner schönen Hose haben. Bei dem Gedanken muss ich ein Grinsen unterdrücken. Jegor drückt meine Handgelenke fest in die Matratze und lässt dann los. Die Botschaft ist klar: Die bleiben hier. Er rutscht noch weiter herunter, knautscht meinen ohnehin schon weit hochgeschobenen Rock endgültig um meine Hüfte zusammen und senkt seinen Kopf auf mein Höschen.

Ich fühle seine Zunge schmetterlingsgleich durch den Stoff hindurch über meine Schamlippen flattern. Dann saugt und leckt er an meiner Klitoris. Es fühlt sich so verrucht an, ihn durch den Stoff hindurch zu spüren. Kurz schießt mir durch den Kopf, dass ich vorher Zweifel hatte, ob ich in dieser Situation überhaupt Erregung würde spüren können und nun ... Er hat mir das Höschen noch nicht ausgezogen und ich bin schon nass!

Als hätte er mich gehört, packt er mein Höschen an den Seiten und zieht es unter seiner Zunge weg, die immer noch meine Klit umkreist. Ich stöhne leise, als seine warme feuchte Zunge auf meine feuchte Spalte trifft. Als er das Höschen, ohne sich zu bewegen, nicht mehr tiefer ziehen kann, löst er sich von meiner Muschi und richtet sich auf. Er rutscht über die Kante und steht auf, nimmt dabei mein Höschen mit, das jetzt um die Knöchel hängt. Ich hebe den Kopf und öffne vorsichtig ein Auge.

»Augen zu, habe ich gesagt«, kommandiert er.

Ich lege den Kopf wieder ab. Jegor streift mir erst meine Sandalen ab, dann folgt das Höschen. Ein Poltern ist zu hören. Ich glaube, er zieht seine Schuhe auch aus. Die Matratze bewegt sich, als er zurück aufs Bett kommt, neben mich. Dann passiert ... nichts. Es fällt mir zunehmend schwerer, meine Augen geschlossen zu halten. Aber ich bin mir sicher, dass Jegor mich beobachtet und nur darauf wartet, dass ich wieder gegen seinen Befehl verstoße. Also bleiben die Augen zu und ich warte.

Je länger es dauert, desto rappeliger werde ich. Meine Arme sind immer noch über meinem Kopf gestreckt, Handgelenk an Handgelenk. Mein BH ist unter die Brüste geschoben und meine Nippel recken sich aus der Spitze, wollen wieder berührt werden. Meine Beine sind leicht gespreizt, der Rock um meine Hüfte geknüllt. Die Feuchtigkeit in meiner Spalte, die Jegors Zunge hinterlassen hat, fühlt sich jetzt kühl an. Ich lausche, aber ich höre nichts, nicht einmal seinen Atem. Liegt er überhaupt neben mir? Oder habe ich mich geirrt? Sollte ich doch mal blinzeln? Nur ganz kurz?

Unentschlossen rutsche ich auf der Matratze hin und her.

Endlich spüre ich eine Bewegung neben mir. Es wird sogar ziemlich unruhig, was macht er denn da? Dann fühle ich etwas neben meinem Kopf, dann auf der anderen Seite. Fühlt sich irgendwie so an, als ob sein Körper über mir schwebt. Gerade, als ich das denke, fühle ich wieder seine Zunge an meiner Spalte. Jegors Anweisung vergessend, reiße ich die Augen auf.

Sein Körper schwebt tatsächlich über mir, in diesem Fall sein Reißverschluss, etwa zehn Zentimeter von meinem Gesicht entfernt. Mein Kopf liegt zwischen seinen Knien.

Jegor hebt seinen Kopf von meinem Schoß. »Ich weiß, dass du die Augen aufhast.«

Woher wohl?

»Mach sie wieder zu und dann befreist du meinen Schwanz aus der Hose und fängst an zu blasen!«

Oh, okay. Ich schließe schnell wieder die Augen, dann hebe ich die Hände vor mein Gesicht und drehe sie nach oben, taste an Jegors Beinen entlang, bis ich seinen harten Schwanz durch die dünne Hose hindurch spüre.

Jegor senkt den Kopf und bläst sachte über meine feuchte Muschi. Ich halte inne.

»Weiter!« Erneut kann ich die Worte fühlen, weil seine Lippen so nah sind.

Als ich den Reißverschluss aufziehe, fühle ich die nackte Haut von Jegors Schwanz, der sich gegen die Öffnung drückt. Er hält wohl nichts von Unterhosen. Mit einer Hand greife ich in Jegors Hose und ziehe seinen Schwanz vorsichtig heraus. Er hat eine gute Größe und fühlt sich unter der weichen Haut knallhart an.

Ich schließe erst meine Finger um ihn und bringe ihn dann so in Position, dass ich auch meine Lippen um ihn legen kann. Ich sauge leicht an der Eichel und werde damit belohnt, dass Jegor seinen gesamten Körper anspannt und leise stöhnt. Um seinen Schwanz tiefer in meinen Mund zu nehmen, muss ich meinen Kopf anheben. Ich beginne, ihn zu blasen, indem ich meinen Kopf hebe und wieder ablege. Allzu lange werde ich das nicht durchhalten können. Vor allem, weil ich nicht ganz bei der Sache bin, solange Jegor sich gleichzeitig mit meiner Muschi beschäftigt.

Als meine Erregung steigt, werden meine Bewegungen langsamer. Jetzt ist es mein Körper, der sich anspannt …

Jegor hebt seinen Kopf.

Ich verstehe das als Aufforderung und blase etwas enthusiastischer weiter. Aber anstatt, wie gehofft, seinen Kopf wieder auf meine empfindlichste Stelle zu senken und das zu beenden, was er begonnen hat, stößt er in meinen Mund. Ich darf mich natürlich nicht beschweren, schließlich bin ich für seine Lust da, und nicht umgekehrt. Wenigstens kann ich meinen Kopf ablegen und meinen Nacken entspannen.

Ich freue mich aber nicht lange darüber, denn Jegor stößt immer tiefer in meinen Mund. Meine Hände liegen noch an seinem Schwanz und ich nutze sie, um ihn, wenn er unangenehm tief stößt, auf Abstand zu halten. Dass die Matratze unter meinem Kopf etwas nachgibt, hilft auch. Aber schon bald muss ich würgen und habe Tränen in den Augen. Ich habe die Frauen mit Faible für Deep Throat noch nie verstanden.

Jegor stoppt und zieht sich zurück. Er verlässt seine Position und ich spüre ihn wieder neben mir. Dann umfasst er meine Oberarme und zieht mich hoch.

»Komm nach vorn«, sagt er, seine Stimme ist rau und kommt mir tiefer vor, als bei unserer Unterhaltung vorhin. »Ich will, dass du dich auf den Boden kniest.«

Mit seiner Hilfe rutsche ich, immer noch brav mit geschlossenen Augen, bis zur Kante des Bettes und knie mich direkt davor auf den zum Glück plüschigen Teppich.

Blind warte ich, bis Jegor mir wieder seinen Schwanz in den Mund steckt und beginne zu blasen. Jegor fasst mir mit einer Hand in den Nacken und stößt tiefer. Als ich würgen muss, fahren meine Hände reflexartig nach oben und nach vorn. Ich stütze sie rechts und links neben Jegors Schwanz und halte ihn auf Abstand. Aber nicht lange, denn er fegt meine Hände zur Seite, fasst meinen Kopf fester und stößt noch tiefer. Ich kämpfe gegen das Würgen, versuche, tief durch die Nase zu atmen und blinzele, trotz des Verbots, die Augen zu öffnen, gegen die Tränen an.

Jegor wischt mir mit dem Daumen der Hand, die nicht an meinem Hinterkopf liegt, eine Träne unter dem Auge fort.

»Mach weiter so. Du machst das sehr gut ... ahh ...« Er beendet den Satz mit einem Stöhnen und ich höre seine Erregung. Es hört sich an, als käme er gleich. Dann wäre es beendet, oder? Soll ich mich freuen über das leicht verdiente Geld oder enttäuscht sein, darüber, dass die Erfahrung so schnell vorbei sein wird. Ich hoffe, er wird trotz seiner Erregung an unsere Absprachen denken. Dazu gehört auch, dass er mir nicht in den Mund spritzt. Natürlich ebenfalls, dass er für den Sex ein Kondom benutzt. Scheinbar wird es aber dazu nicht mehr kommen. Ein wenig enttäuscht bin ich schon.

Gerade, als ich glaube, dass Jegor kommt und mich schon mit Gewalt befreien will, damit es nicht in meinem Mund passiert, zieht Jegor sich zurück.

»Du kannst deine Augen jetzt öffnen«, sagt er.

Ich blinzele gegen die Tränen an und schaue zu ihm hoch. Sein Schwanz glänzt feucht und die Adern stehen prall hervor. Jegor hat nicht nur seine Schuhe, sondern auch sein Hemd ausgezogen und ich kann seine muskulöse Brust sehen, die sich schnell hebt und senkt. Jetzt ist er es, der seine Augen geschlossen hält. Auch an seinem Hals stehen die Adern hervor. Es kostet ihn sichtlich Kraft, sich zu zügeln. Ich bewundere ihn für seine Selbstbeherrschung.

Sobald er die Augen öffnet, trifft mich wieder dieser intensive dunkelblaue Blick. »Das hast du gut gemacht. Wer hätte gedacht, dass du so fantastisch bläst.« Er streichelt mir mit der einen Hand über den Kopf.

Auf sowas stehe ich normalerweise gar nicht, aber in diesem

Fall bin ich schon ein bisschen froh über das Lob.

Als Jegor mir seine Hand entgegenstreckt, nehme ich sie und lasse mir hochhelfen. Er zieht mich an sich und streichelt mir über den Rücken. Es ist eine intime, vertrauliche Geste und erst, als meine Schultern nach unten sacken, merke ich, wie sehr ich mich vorher angespannt hatte. Ich lehne meinen Kopf an seine Schulter.

Jegor hält mich immer noch fest und flüstert mir ins Ohr: »Ich will dich jetzt ficken. Ist das in Ordnung für dich?«

Es klingt wie eine ernst gemeinte Frage. So, als würde er in der Tat aufhören, falls ich Nein sage, obwohl er ja genau dafür bezahlt hat. Aber ich habe gar nicht vor, Nein zu sagen. Ich *will*, dass er mich vögelt. Ich *will* den Sex – jetzt und mit ihm! Ich nicke.

Als ich mich daran erinnere, wie er das vorhin von mir hören wollte, sage ich es laut: »Ja, ich will, dass du mich nimmst.«

Jegor greift nach meiner Taille und dreht mich herum, sodass mein Rücken an ihm lehnt. Er umfasst meine Brüste und streicht dann an meinem Körper herunter, ergreift den Rock, der immer noch zerknautscht um meine Mitte hängt, und zieht ihn herunter, bis ich heraustreten kann. Dann öffnet er meinen BH und streift ihn ab. Jetzt stehe ich nackt vor ihm. Wieder streichen seine Hände über meinen Körper und vereinen sich in meinem Schoß. Dann drängt er mich nach vorn, bis wir an der Kante des Bettes stehen. Mit einer Hand zieht er meine Hüfte an sich und die andere legt er in meinen Nacken, drückt mich herunter. Ich stütze mich mit beiden Händen auf der Matratze vor mir ab und öffne meine Beine für ihn.

Ich höre, wie die Kondomverpackung aufgerissen wird und spüre, wie er sich hinter mir bewegt, als er es überstreift. Dann drängt sich sein Körper an meinen. Ich spüre seinen Schwanz auf der Suche nach meiner feuchten Spalte. Während ich noch überlege, ob ich ihm mit einer Hand beim Navigieren helfen soll, versenkt er sich schon zielsicher in mir und stößt zu. Hart. Als ich nach vorn geschoben werde, packt er mit beiden Händen meine Hüften und hält mich fest, während er weiterstößt. Ich kann nicht anders, ich muss aufstöhnen, es fühlt sich so gut an, wie er mich bei jedem Stoß dehnt. Ich will ihn tiefer, deswegen beginne ich, ihm in seinem Rhythmus entgegenzukommen, stütze mich dafür fester auf der Matratze ab.

Jegor löst eine seiner Hände von meiner Hüfte und lässt sie auf meinen Po sausen. Fest. Ich bin an dem Punkt, an dem der Schmerz willkommen ist. Ein weiteres Gefühl in unserem sexuellen Reigen. Jegor schiebt mich nach vorn, und seiner Bewegung folgend, krabbele ich erst mit einem, dann mit dem anderen Knie auf das Bett und nach vorn, bis er sich hinter mich knien kann. Wieder seine Hand in meinem Nacken. Ich lege den Oberkörper ab, presse meine Wange in die weiche Überdecke, während ich immer noch hart von hinten gefickt werde und ab und an einen Schlag auf den Arsch bekomme.

Sofort schnappt sich Jegor meine Arme und führt sie hinter meinem Rücken zusammen. Er umfasst sie mit einer Hand und fixiert sie so. Ich habe das Gefühl, dass er mich vollständig kontrolliert. Bei dem Gedanken werde ich noch feuchter. Es gefällt mir, dass er mich bezahlt hat und jetzt benutzt.

Plötzlich fühle ich seinen Finger an meinem Poloch. Er umkreist es, übt sanften Druck aus. Anal war ein klares Tabu und ich versuche, nach vorn auszuweichen, aber sofort zieht Jegor mich an meinen Handgelenken zurück, wieder auf seinen Schwanz, wieder an seinen Daumen, der immer noch mein kleines Loch umkreist, Druck ausübt, aber nie genug, um wirklich einzudringen. Der Finger verschwindet, kommt nass zurück, er muss ihn im Mund gehabt haben, wird erneut eingesetzt, um zu massieren, während Jegor mich weiter hart in mein anderes Loch fickt. Es beginnt, mich zu erregen und ich warte darauf, dass Jegor auch hier in mich eindringt. Ich habe das Gefühl, dass meine Rosette sich ihm öffnet. Aber er hält unsere Absprache ein.

Dann löst sich seine Hand von meinen Handgelenken. Er umfasst mit beiden Händen meine Pobacken und zieht sie weit auseinander. Ich halte die Luft an, bewege mich aber nicht. Ich spüre etwas Warmes, Flüssiges an meinem engen kleinen Poloch. Jegor lässt seinen Speichel darauf heruntertropfen. Er zieht meine Backen noch stärker auseinander, dann spüre ich Finger direkt neben dem Loch, die es auseinanderziehen, es öffnen, für seinen Speichel, der hineinläuft.

Ich bin nicht überrascht, als er seinen Schwanz aus meiner Muschi zieht, aber ziemlich erstaunt, als er mich auf den Rücken dreht, meine Beine spreizt und seinen Schwanz wieder in meine Muschi steckt. Ich war mir sicher, dass er versuchen würde, mich in den Arsch zu ficken, nur unsicher, ob ich ihn lassen würde.

Jetzt fixieren mich wieder diese dunkelblauen Augen, während Jegor zustößt. Der Blick ist noch intensiver als vorher. Ich habe das Gefühl, dass Jegor mich sieht, nur mich, dass er in diesem Moment ganz bei mir ist. Dann ... hört er auf.

Die Bewegung stoppt, obwohl ich sicher bin, er ist nicht gekommen, und ihn außerdem noch groß und steif in mir fühlen kann. Sein Kopf senkt sich und seine Lippen streifen kurz über meine. Das erste Mal heute.

»Wenn ...«, haucht er, wieder mit diesem Timbre, »... wenn wir so weitermachen, komme ich gleich, und es ist vorbei. Aber ich will nicht, dass es vorbei ist, deshalb habe ich ein Angebot für dich. Willst du es dir anhören?«

Ich bin ziemlich verwirrt, bekomme aber dennoch ein »Ja« zustande.

Er zieht sich aus mir heraus und kniet vor mir. Ich rutsche ein bisschen nach oben an das Kopfteil des Bettes und schaue ihn fragend an. Er lehnt sich seitlich aus dem Bett und angelt seine Sporttasche.

»Lauf nicht gleich weg, wenn du das jetzt siehst«, warnt er mich vor. »Es ist nur ein Angebot. Wir können auch weitermachen, wo wir aufgehört haben. Kein Problem.«

Ich nicke und frage: »Okaaaay ... oder?«

»Oder du bleibst die ganze Nacht.« Er sieht mich an, als er eine Handvoll Fünfzig-Pfund-Scheine aus der Tasche zieht. »Dafür erhöhe ich mein Angebot auf eintausend Pfund. Das hier sind nochmal siebenhundertfünfzig.« Er breitet die Scheine vor mir aus.

Wahnsinn, denke ich, *das ist echt eine Menge Geld!* Ich beiße mir auf die Lippen und sehe ihn wieder an.

»Das ist aber nicht alles. Dafür erwarte ich ... mehr Freiheiten für mich und ...«, er zögert kurz, »von dir ... etwas mehr Unterwerfung.«

Ich ziehe meine Augenbrauen hoch und schaue ihn an. Meine Gedanken rasen. Er steckt seine Hand wieder in die Tasche und beginnt, Dinge auszupacken und aufs Bett zu legen: zwei dunkelrote kunstvoll aufgerollte Bondageseile, Ledermanschetten für Hand- und Fußgelenke, eine Augenbinde, einen Gag-Ball, eine Packung Wäscheklammern, einen »Magic-Wand«-Massagestab mit einem Stecker und einen Halsreif aus Metall, mit einer Öse hinten und einem zierlichen Schloss vorn, in dem ein kleiner Schlüssel steckt.

Als alles auf dem Bett vor uns ausgebreitet liegt, rutscht Jegor höher, auf mich zu. Seine dunkelblauen Augen fangen meine braunen ein.

Wieder streifen seine Lippen meine. »Nun, was meinst du?«, flüstert er.

Weitere erotische Geschichten:

Angelique Corse
Sünde in Schwarz

Der Millionärssohn Chris Schober hat das perfekte Leben: viel Geld, ein tolles Anwesen, eine erfolgreiche Firma. Nachts wandelt er auf den Pfaden der Lust und frönt seinen Exzessen aus Schmerz, Qual und Dominanz.

Die Damenwelt liegt ihm zu Füßen und befriedigt nur allzu gern seine extravaganten Bedürfnisse. Einzig die achtzehnjährige Melissa verweigert sich konsequent seinen Annäherungsversuchen. Doch Chris gibt nicht auf, er will die verführerische Gothic-Lolita unterwerfen und sie zu seiner Sklavin machen.

Dabei muss er sich nicht nur mit Melissas eifersüchtigem Bruder Garet auseinandersetzen, sondern bekommt es auch mit ihrem gewalttätigen Vater zu tun, der ein dunkles Geheimnis hütet ...

Alexandra Gehring
Die Abrichtung SM-Roman

»Abrichtung« ist die perfekte Ausbildung in allen SexBereichen, vom normalen Ficken bis zum BDSM mit seinen vielen SpielVarianten.

In einem Elite-Camp wird Sari auf Wunsch ihres Mannes zur perfekten Sub abgerichtet. Sie hat zu tun, was ihre Ausbilder täglich von ihr verlangen.

Über AtemKontrolle bis hin zum SkullFuck hat sie alles über sich ergehen zu lassen ...

Kann Sari sich darauf einlassen? Kann sie das durchhalten? Wird ihr Mann stolz auf sie sein?

Sara Bellford
LustSchmerz Erotischer SM-Roman

Sir Alan Baxter hat eine Passion:
Er sammelt Frauen!

Er will sie um ihretwillen besitzen

Sie wollen vom ihm gedemütigt und geliebt werden

Gemeinsam zelebrieren sie die schönsten Höhepunkte aus Lust, Schmerz und Qual ...